다시
전통시장을
묻다

전통시장의 과거와 현재,
미래를 그릴 수 있는 작은 출발점

다시 전통시장을 묻다

김상영 지음

"전통시장은 과연 재구성 가능한가?"

 전통시장은 결코 그 가능성을 상실하지 않았다.
여전히 우리가 이 공간에서 찾을 수 있는 새로운 기회는 존재한다.
실제 사례를 통해 성공을 거둔 전통시장들의 경험을 공유하다.

바른북스

머리말:
다시 전통시장을 묻다

　전통시장은 단순한 물리적 공간 이상의 의미를 지닙니다. 그것은 한 시대의 경제적 상징이자, 지역 공동체의 뿌리였으며, 세월이 흐르면서 우리의 삶 속에 깊숙이 뿌리내려 온 문화적 정체성이기도 합니다. 그러나 현재의 전통시장은 그 기능을 온전히 발휘하지 못하고 있습니다. 대형 마트와 온라인 쇼핑몰의 등장, 그리고 급격히 변화하는 소비 패턴은 전통시장을 지속 가능한 존재로 만들기 어렵게 만든 요인들입니다. 《전통시장은 없다》라는 전작에서 다룬 것처럼, 우리가 그동안 바라왔던 전통시장은 점차 사라져 가고, 그 자리에 대형화된 상업 시설들이 자리 잡고 있습니다.

　하지만 우리는 여전히 전통시장이 지닌 가능성을 외면할 수 없습니다. 과거와는 다른 환경 속에서, 전통시장은 여전히 그 고유한 가치를 품고 있으며, 적절한 변화와 혁신을 통해 새로운 활로를 찾을 수 있는 잠재력을 가지고 있습니다. 그렇다면 이제 우리는 과거를 돌아보며 전통시장이 여전히 살아날 수 있는 방법을 모색해야 할 시점에 이른 것입니다.

'전통시장은 과연 재구성 가능한가?' 이 질문에 대한 답은 결코 간단하지 않습니다. 전통시장이 겪고 있는 문제들은 단순히 시설의 낙후나 시장 내 상인의 고령화, 소비자들의 구매 방식 변화 등으로 설명될 수 없습니다. 이 문제는 그동안의 산업화와 도시화 과정 속에서 전통적인 소상공인의 경제적 기반을 약화시키고, 지역 경제의 변화를 따라가지 못한 결과입니다. 그러나 그렇다고 해서 이러한 변화를 거부하고 과거로 돌아갈 수는 없습니다. 지금 우리가 해야 할 일은 과거의 방식에 얽매이지 않고, 전통시장의 새로운 가능성을 모색하는 것입니다.

이 책은 그 가능성을 이야기하려고 합니다. 《다시 전통시장을 묻다》는 전통시장이 단순히 과거의 유산으로 남을 수밖에 없는 곳이 아니라, 적극적으로 변화하고 혁신할 수 있는 공간임을 강조하고자 합니다. 전통시장이 지닌 고유한 정체성을 살리면서도, 현대의 소비 트렌드와 경제적 요구에 부합하는 방식으로 재구성할 수 있는 방법을 탐색할 것입니다.

이 책에서 다루고자 하는 핵심은 '긍정적인 변화'입니다. 전통시장은 지나치게 낙후되었고, 그에 따라 낙담하거나 포기하는 것이 아니라, 지금까지도 많은 시장들이 성공적인 변화를 거쳐 새로운 모습을 보여주고 있다는 사실을 강조할 것입니다. 이는 전통시장이 현대화될 수 있다는 믿음을 주며, 동시에 변화를 위한 실질적인 모델을 제시하고자 하는 목적을 가지고 있습니다. 이를 위해 실제 사례를 통해 성공을 거둔 전통시장들의 경험을 공유하고, 그들이 경험한 변화를 어떻게 다른 시장들에 적용할 수 있을지에 대한 방안을 제시할 것입니다.

우리는 전통시장이 가진 고유한 매력, 즉 지역 경제를 지탱하는 중요한 축의 역할을 다시 한번 상기해야 합니다. 전통시장은 단순히 물건을 사고파는 공간을 넘어서, 지역 주민들의 일상적인 만남의 장이며, 그 자체로 문화적인 중심지입니다. 또한, 소상공인들의 삶의 터전이며, 지역의 특색을 살린 상품을 구매하는 즐거움을 제공하는 장소입니다. 하지만 이러한 가치는 현대 사회의 급격한 변화 속에서 점차 희미해져 가고 있습니다. 그럼에도 불구하고, 전통시장은 결코 그 가능성을 상실하지 않았습니다. 여전히 우리가 이 공간에서 찾을 수 있는 새로운 기회는 존재합니다.

따라서 본 책은 전통시장의 재구성에 대한 논의로,《전통시장은 없다》라는 전작에서의 전통시장의 현실 진단과 변화의 필요성을 넘어, 어떻게 전통시장이 지속 가능하고, 혁신적인 미래를 맞이할 수 있을지에 대한 구체적인 방안을 제시하고자 합니다. 이 과정에서 전통시장의 재정비와 현대화가 단지 시설을 새로 고치는 것에 그치지 않는다는 사실을 분명히 할 것입니다. 그것은 사람들의 가치관, 소비 문화, 그리고 지역 공동체의 관계를 다시 한번 되돌아보는 작업이기도 합니다.

이 책이 전통시장의 과거와 현재를 넘어서, 더 나아가 그 미래를 그릴 수 있는 작은 출발점이 되기를 희망합니다. 전통시장의 재건은 단지 과거의 유산을 지키는 일이 아니라, 우리의 미래를 위한 중요한 투자이며, 지역 경제와 사회적 가치를 재조명하는 중요한 과정입니다. 이제 우리는 전통시장의 가능성을 다시 묻고, 그 속에서 새롭게 펼쳐질 미래를 함께 상상해 보아야 할 때입니다.

목차

● 머리말: 다시 전통시장을 묻다

1부
변화의 기로에 선 전통시장, 현재를 진단하다

1. 기억의 장소로서의 시장 ·· 14
2. 코로나 이후, 전통시장의 명암 ·· 17
3. 전통시장을 향한 이중적 시선 ·· 20
4. 전통시장은 왜 쇠퇴했는가: 구조적 원인과 외부 충격 ········ 24
5. 전통시장은 왜 쇠퇴했는가: 내부의 한계 ······················ 29
6. 전통시장은 왜 쇠퇴했는가: 정부 지원의 한계 ·············· 34
7. 디지털 전환의 가속화와 전통시장 ································ 40
8. 변화의 조짐: 무너짐 속에서도 피어난 가능성 ·············· 45
9. MZ 세대의 유입, 전통시장에 새로운 기회인가 위협인가? ········ 50
10. 전통시장과 지역 공동체 ·· 55
11. 데이터로 보는 전통시장 ·· 60

2부

성공 사례 분석, 변화를 이끈 전통시장들

1.	변화는 가능하다: 전통시장의 반전 서사들	68
2.	유럽의 마켓컬처: '공간'에서 '경험'으로의 전환	71
3.	일본의 골목상권 르네상스: 공동체 중심 재생 전략	75
4.	동남아의 하이브리드 전통시장: 관광과 지역 경제를 잇다	79
5.	국내 시장의 재도전	83
6.	새로운 바람: 성공의 요건은 무엇인가	87
7.	시장에 이야기를 입히다: 스토리텔링 마케팅의 힘	91
8.	청년 상인의 시대: 전통과 청춘의 실험실	96
9.	스마트 시장의 조건: 디지털 기술과의 접점 찾기	100
10.	작은 성공에서 큰 변화로: 지속 가능한 혁신의 조건	104

3부

미래를 향한 제언,
지속 가능한 전통시장을 위한 과제

1. 전통시장의 미래를 다시 묻다 ……………………………………… 112
2. 정책의 패러다임 전환: 단기 지원에서 생태계 조성으로 ………… 115
3. 규제의 재구성: 전통시장을 가로막는 보이지 않는 벽들 ………… 118
4. 지자체의 실질적 역할: 공간·문화·경제를 잇는 로컬 거버넌스 …… 121
5. 상인의 주체화: 바꾸는 힘은 내부에서 시작된다 ………………… 126
6. 세대교체와 협업: 청년 상인과의 지속 가능한 파트너십 ………… 130
7. 소비자의 역할: '사는 사람'에서 '살리는 사람'으로 ……………… 134
8. 지역 공동체와의 상생: 시장은 마을의 얼굴이다 ………………… 138
9. 디지털과 지속 가능성의 접점 찾기 ………………………………… 142
10. 지속 가능한 시장을 위한 조건: 생존을 넘어 생태계로 ………… 146
11. 전통시장의 미래: 생존을 넘어 진화로 …………………………… 151
12. 전통시장 활성화: '함께'의 힘으로 미래를 열다 ………………… 155

4부

전통시장 활성화
실천 가이드

1. 전통시장의 디지털 변환: 새로운 기회의 시작 ················ 162
2. 온라인 판매 전략, 라이브 커머스 활용법 등 디지털 마케팅 전략 ········ 166
3. 점포 경영 스킬 업 ······································ 170
4. 소셜 미디어 마케팅: 시장과 상점을 홍보하는 비법 ············ 174
5. 고객 관리 및 서비스 개선 방안 ···························· 179
6. 디지털 마케팅 전략: SEO와 SEM을 통한 노출 확대 ··········· 184
7. 지속 가능한 시장 운영: 친환경과 사회적 책임 ················ 189
8. 상인 역량 강화: 교육과 멘토링 프로그램 ···················· 194
9. 배움의 속도, 실천의 정도 ································ 199
10. 정부 지원 사업과 공공기관 활용 방안 ······················ 202
11. 전통시장의 콘텐츠 플랫폼화와 로컬 브랜드 구축 전략 ········· 208
12. 전통시장의 미래를 여는 창조적 파괴 ······················ 212

● 맺음말: 전통시장의 희망을 이야기하며

1부

변화의 기로에 선 전통시장, 현재를 진단하다

1.
기억의 장소로서의 시장

시장은 단순히 물건을 사고파는 곳이 아니다. 시장은 오랜 역사 속에서 사람들의 삶과 문화를 반영하며, 사회적 상호작용과 경제적 활동이 결합된 중요한 장소로 자리 잡았다. 시장은 시대마다 형태와 기능이 달라졌지만, 그 본질은 한 가지로 통한다. 그것은 바로 '기억의 장소'로서의 역할이다. 시장은 단지 물건을 거래하는 공간을 넘어, 공동체의 역사를 담고 있는 중요한 문화적 장소로서 존재해 왔다.

인류의 초기 문명은 수렵과 채집을 중심으로 형성되었으나, 농업 혁명이 일어나면서 인간은 정착 생활을 시작하게 되었다. 이는 곧 생산물의 잉여를 낳았고, 이 잉여 생산물은 교환의 필요성을 불러일으켰다. 그래서 시장은 필연적으로 등장할 수밖에 없었다. 최초의 시장은 마을과 마을 사이의 교차로에서 시작되었다. 이런 교차로는 상인들이 물품을 교환하고, 정보를 주고받으며, 사람들 간의 교류가 이루어지는 중심지가 되었다.

고대 문명에서 시장의 역할은 매우 중요했다. 메소포타미아의 우르와 바빌론, 이집트의 나일강 유역, 그리스의 아고라, 로마의 포룸 등에서 시장은 단순히 상거래가 이루어지는 공간을 넘어 사회적, 정치적 교류의 장이었다. 예를 들어, 메소포타미아에서는 주기적으로 열리는 시장에서 곡물, 가축, 도자기 등이 거래되었고, 이는 경제 활동을 넘어 문화와 정보가 교환되는 중요한 자리였다. 이집트의 나일강 주변 시장은 그 지역 경제의 중추적 역할을 했으며, 그리스와 로마의 아고라와 포룸은 정치적 담론이 활발히 이루어졌던 장소였다. 시장은 그 자체로 한 사회의 문화적, 정치적 '기억'이 응집된 공간이었던 셈이다.

중세 유럽에서는 봉건 제도가 확립되면서, 시장은 도시와 농촌 사이의 교역을 위한 중요한 연결 고리가 되었다. 당시 시장은 단순한 물물교환의 장소를 넘어, 지역 경제의 핵심적 기능을 수행했다. 주기적으로 열리는 장(場)과 상설 시장이 공존하였고, 이는 도시와 농촌을 잇는 중요한 상업적 활동의 중심지였다. 특히 중세 말기 상업 혁명은 시장의 형태를 크게 변화시켰다. 유럽 전역에 걸쳐 상업이 활발히 일어나면서, 시장은 경제적 기능뿐만 아니라 사회적, 문화적 중심지로서 그 중요성을 더욱 높였다.

근대에 들어서면서 산업 혁명과 도시화는 시장의 형태와 기능에 큰 변화를 가져왔다. 대규모 생산과 소비의 시대가 열리면서, 전통적인 시장 외에도 백화점, 슈퍼마켓 등의 새로운 형태의 상업 공간이 등장하기 시작했다. 이러한 변화는 시장이 단순한 거래의 장소에서 벗어나, 사람들의 다양한 욕구를 충족시키는 복합적인 공간으로 변화하는 계기가 되었다. 소비는 이제 단순한 물품의 사용을 넘어서, 개인의 취향과 생활 방식을 반영하는 중요한 요소가 되었다.

현대의 시장은 과거의 전통적인 오프라인 시장을 넘어, 온라인 시장이라는 새로운 형태로 확장되었다. 인터넷과 정보통신 기술의 발전은 시장의 개념을 글로벌 네트워크로 확장시켰다. 오늘날 우리는 인터넷을 통해 전 세계 어디에서나 물품을 사고팔 수 있는 시장을 경험하고 있다. 온라인 시장은 시간과 장소의 제약을 뛰어넘어 사람들의 소비 활동을 자유롭게 만든다. 하지만 이와 동시에, 전통적인 시장이 지닌 인간적인 요소—상호작용과 공동체의 형성—를 잃어버린 것에 대한 아쉬움도 존재한다.

이처럼 시장은 물리적인 공간과 시간의 제약을 넘어, 다양한 경제적 가치가 응축된 장소로 변화해 왔다. 이제 시장은 단순히 상거래의 공간에 그치지 않고, 지속 가능한 소비, 공정 무역 등 새로운 경제적 가치를 담아내는 중요한 공간으로 자리 잡고 있다. 우리는 시장에서 물건을 사는 것뿐만 아니라, 그것을 통해 시대의 변화, 사람들의 가치관, 그리고 사회적 기억을 마주하게 된다.

시장이라는 공간은 그렇게 세월이 흐르면서도 여전히 사람들의 기억과 삶을 담고 있는 중요한 장소로 남아 있다. 비록 오늘날의 시장이 전통적인 시장이 지녔던 인간적인 요소를 잃어버렸다고 해도, 과거, 현재, 미래를 잇는 기억의 장으로서 시장은 변하지 않는 중심적 역할을 계속해서 해나갈 것이다.

2.
코로나 이후, 전통시장의 명암

2020년, 전 세계를 강타한 코로나19 팬데믹은 대한민국 사회 전반에 깊은 흔적을 남겼다. 이는 전통시장에도 예외 없이 영향을 끼쳤다. 팬데믹 초기에 가장 먼저 직격탄을 맞은 곳 중 하나가 바로 사람 간의 접촉을 기반으로 운영되던 전통시장이었다. 외출 자체가 제한되고, 감염 우려로 인해 직접 만나는 소비가 기피되면서 전통시장은 거의 마비 상태에 가까운 침체를 겪었다.

특히 고령 상인이 다수를 차지하는 전통시장의 구조적 특성은 이 위기를 더욱 심화시켰다. 디지털 전환에 익숙하지 않은 상인들, 그리고 현금 위주 거래 시스템은 갑작스러운 비대면 소비 환경에 거의 대응하지 못했다. 반면 대형 마트와 온라인 플랫폼은 발 빠르게 배달 서비스와 앱 기반 주문 시스템을 강화하며 오히려 성장의 기회로 삼았다. 위기가 기회로 전환된 이들 유통 채널과 달리, 전통시장은 위기가 곧 생존의 갈림길이 된 것이다.

하지만 아이러니하게도, 이 위기 속에서 전통시장이 새로운 가능성을 엿보기도 했다. 바로 지역에 대한 관심이 높아지고, 소규모 소비와 로컬 푸드의 가치가 재조명되면서 전통시장에 다시 발길을 돌리는 이들이 생겨났기 때문이다. 특히 팬데믹 이후 재택근무 확산과 생활 반경 축소는 사람들의 소비 패턴을 가까운 곳, 익숙한 곳 중심으로 변화시켰다. 그 결과, 대형 유통시설보다 상대적으로 밀집도가 낮고, 이웃 상인이 운영하는 전통시장을 찾는 소비자들이 늘어나기 시작했다.

서울 망원시장, 성남 모란시장, 대구 서문시장 등 일부 시장에서는 이 기회를 놓치지 않았다. 청년 상인을 중심으로 자체적인 SNS 마케팅을 시도하거나, 배달 서비스를 연계한 온라인 주문 시스템을 도입한 곳도 있었다. 예를 들어 망원시장은 인근 카페와의 협업을 통해 마켓 형태의 장보기 큐레이션을 제공하고, 인스타그램을 통해 실시간 소통하는 방식으로 젊은 층의 유입을 유도했다. 이전까지는 시장에서 보기 어려웠던 방식이었지만, 위기가 새로운 시도를 가능하게 만든 것이다.

정부와 지자체도 이 변화에 뒤늦게나마 반응하기 시작했다. 소상공인시장진흥공단은 디지털 전통시장 프로젝트를 통해 일부 시장에 온라인 주문 및 배송 시스템을 도입했으며, 지역 화폐와 연계한 소비 쿠폰 정책도 전통시장의 회복에 일정 부분 기여했다. 하지만 이 역시 장기적인 해결책이 되기엔 한계가 있었다. 많은 상인들이 여전히 스마트폰 활용조차 어려워했고, 플랫폼 운영에 대한 이해도 부족했다. 단기적 지원금보다 지속적인 역량 강화와 교육, 플랫폼의 구조적 개선이 필요하다는 목소리가 높아졌다.

결국 코로나19는 전통시장에 두 가지 상반된 메시지를 남겼다. 하나는 위기는 언제든 다시 찾아올 수 있다는 경고이고, 다른 하나는 변화에 열려 있는 시장만이 살아남을 수 있다는 교훈이다. 전통시장이 이 팬데믹을 통해 배운 가장 큰 과제는 바로 디지털 전환의 시급성과 지역 커뮤니티로서의 정체성 재확인이라 할 수 있다. 단순히 기존 방식으로 돌아가는 것이 아닌, 디지털과 물리적 공간이 조화를 이루는 하이브리드 시장으로의 전환이 요구되고 있다.

이제 전통시장은 더 이상 과거의 추억에 기대어 존재할 수 없다. 코로나19 이후 드러난 가능성과 한계를 동시에 받아들이고, 이를 토대로 다음 단계로 나아갈 준비가 필요한 시점이다. 다시 말해, 전통시장의 회복은 예전으로의 복귀가 아닌, 새로운 전통의 구축이어야 한다. 팬데믹은 그것을 우리에게 분명하게 일깨워 주었다.

3. 전통시장을 향한 이중적 시선

전통시장은 한편으로는 우리 사회의 소중한 유산이자, 지역 경제의 뿌리로 여겨지며 그 가치를 인정받는다. 하지만 다른 한편으로는 낡고 불편한 공간, 뒤처진 소비 환경으로 비판받기도 한다. 이러한 이중적 시선은 전통시장이 처한 현실을 그대로 반영한다. 즉, 전통시장은 그 고유의 매력을 가진 공간으로서 여전히 사랑받는 부분이 있지만, 현대화된 소비 문화와의 괴리 속에서 '구식'으로 비치기도 한다.

향수와 불편함 사이

많은 사람들이 전통시장에 대해 느끼는 첫 번째 감정은 바로 향수다. 전통시장은 추억의 장소이자 이웃과의 소통 공간으로 존재해 왔다. 부모님과 함께 갔던 시장, 손수 고른 신선한 채소와 과일, 정이 넘쳤던 상인들과의 대화, 그리고 그곳에서만 맛볼 수 있는 다양한 음식들. 이런 기억은 지금도 많은 사람들에게 소중한 감정으로 남아 있다.

하지만, 이런 향수는 또 다른 한편으로는 불편함과 맞닿아 있다. 좁은 통로, 복잡한 상점 배열, 불친절한 가격 책정, 비위생적인 환경 등이 전통시장을 방문하는 데 있어 장애물이 되는 경우가 많다. 특히 대형마트나 온라인 쇼핑몰에서 소비하는 것에 비해 전통시장은 구식이라는 이미지가 강하다. 이는 젊은 소비자층에게 더욱 두드러지며, 그들의 선택은 대체로 빠르고 편리한 쇼핑 환경을 제공하는 곳으로 쏠린다. 전통시장은 이제 단순히 물건을 사고파는 공간을 넘어서, 사람들이 거쳐 가는 소셜 경험을 제공하는 곳으로 진화해야 할 필요성이 커지고 있다.

전통시장의 문화적 가치와 현대적 요구의 충돌

전통시장이 지닌 문화적 가치는 여전히 강력한 존재감을 발휘한다. 재래시장이라는 이름 자체가, 지역 경제와 공동체의 중요한 축을 형성해 온 역사를 함축하고 있기 때문이다. 특히, 일부 시장은 지역 주민들의 일상적인 만남의 장으로 기능하며, 그 자체로 지역의 문화적 색깔을 담고 있다. 많은 사람들이 전통시장은 살아 있는 문화유산이라고 칭찬하는 이유도 여기에 있다.

하지만, 이러한 전통적 가치가 현대 소비 트렌드와 충돌하면서, 시장의 미래에 대한 의문이 제기된다. 현대의 소비자는 편리함과 속도를 중시한다. 하루라도 시간을 내어 시장을 방문하는 것이 번거롭고, 오히려 모바일로 주문하고 빠르게 배달받는 것이 선호되는 시대다. 이런 소비 방식의 변화는 전통시장에 대한 신뢰를 약화시키고, 느리고 불편한 전통시장의 이미지를 더 강화시킨다. 이는 소비자들의 선택을 대형 마트나 온라인 쇼핑몰로 몰리게 하는 주요 요인 중 하나다.

미디어와 문화에서의 전통시장 이미지

전통시장은 미디어와 문화에서 그다지 긍정적인 이미지로 그려지지 않는 경우가 많다. 드라마나 영화에서는 종종 빈곤과 불편함의 상징으로 등장한다. 재래시장은 대개 누추하고 비위생적인 곳으로 묘사되며, 이런 이미지가 대중의 무의식 속에 각인된다. 미디어에서 전통시장은 종종 옛것의 대명사로 등장하고, 그 결과로 옛것에 대한 향수는 있지만, 실제로 현재의 시장으로서의 존재는 점차 약해진다.

반면, 최근 몇 년간 문화적 부활을 위한 노력도 이어지고 있다. 전통시장의 재발견, 지역 특산물을 활용한 마케팅, 전통시장 내 푸드트럭과 팝업 스토어 등 새로운 시도들이 있다. 특히, SNS와 인플루언서를 활용한 마케팅은 젊은 세대에게 다시 찾고 싶은 장소로서 전통시장을 각인시키는 데 효과를 보고 있다. 예를 들어, 서울의 광장시장은 전통을 보존하면서도 현대적인 트렌드를 반영한 퓨전 음식을 선보이며, 젊은 세대의 발길을 끌어들이고 있다. 이러한 변화가 진행 중인 만큼, 전통시장에 대한 미디어의 부정적인 이미지를 탈피하려는 노력은 점점 더 중요해질 것이다.

전통시장의 미래를 위한 이중적 시선의 조화

전통시장을 향한 이중적 시선은 이제 해결책을 찾아야 할 중요한 문제다. 한편으로는 과거의 가치와 정체성을 지켜나가면서, 다른 한편으로는 현대적 소비 요구를 충족시킬 수 있어야 한다. 이는 단순히 '오래된 것'을 고수하는 것이 아니라, 그 안에서 새로운 경험을 창출하는 것이다.

전통시장이 현대적 요구를 반영하지 않고 과거의 방식에만 집착한다면, 결국 쇠퇴의 길을 걸을 수밖에 없다. 반면, 과도한 현대화가 이루어진다면 그 특유의 매력과 가치를 잃을 수 있다. 중요한 것은 이 두 가지를 균형 있게 조화시키는 것이다. 전통시장은 단지 물리적 공간의 변화만을 요구하는 것이 아니다. 상인들의 서비스 마인드, 소비자와의 관계, 그리고 시장에서의 경험 전반이 변화해야 한다.

결국 전통시장이 갈 길은, 과거의 정서를 지키면서도 새로운 소비 문화에 부합하는 혁신적인 공간으로 재탄생하는 것이다. 전통시장의 미래는 그 안에서 발생하는 다양한 갈등과 대화 속에서 점차 밝혀질 것이다.

4.
전통시장은 왜 쇠퇴했는가: 구조적 원인과 외부 충격

산업화와 유통 구조의 변화

전통시장의 쇠퇴는 단순히 소비자의 취향 변화나 일시적인 현상에 그치지 않는다. 그것은 산업화와 유통 구조의 변화라는 더 큰 사회적 변동 속에서 비롯되었다. 1960~70년대 대한민국의 급격한 산업화와 도시화는 전통적인 소규모 상업 모델을 위협하는 요소로 작용했다. 산업화 과정에서 대기업들의 대형 마트와 백화점이 도시 곳곳에 세워지기 시작하면서, 전통시장은 본격적으로 경쟁에 직면했다.

대형 마트나 백화점은 낮은 가격, 편리한 쇼핑 환경, 일관된 상품 품질 등을 바탕으로 급속히 성장했고, 이는 전통시장의 가장 큰 강점인 소규모, 지역 밀착형 상거래와 맞닿을 수 없는 구조적 문제를 초래했다. 특히, 상품의 다양성과 편리한 쇼핑 환경을 제공하는 대형 마트의 출현은 소비자들의 소비 패턴을 급격하게 변화시켰다. 소비자는 이제한 번에 필요한 모든 제품을 대형 매장에서 구매할 수 있었고, 이는 전통시장에서의 쇼핑 경험과는 비교할 수 없는 편리함이었다.

전통시장은 이러한 유통 구조의 변화에 제대로 대응하지 못했고, 그 결과 소비자들은 점차 대형 마트로 발길을 돌리게 되었다. 비록 전통시장에는 더 신선하고, 개성 있는 상품들이 있을지라도, 소비자는 그보다 편리한 쇼핑을 우선시했다. 또한, 대형 마트와 대기업들이 제공하는 할인과 프로모션은 전통시장 상인들이 따라갈 수 없는 규모였다.

대형 유통기업과의 경쟁

대형 유통기업은 그동안 전통시장을 압박해 온 주요 경쟁 상대였다. 이마트, 롯데마트, 홈플러스 등의 대형 마트는 단순히 물리적인 공간만 확장한 것이 아니라, 마케팅 전략과 물류 시스템에서도 혁신을 거듭하며 소비자들의 마음을 사로잡았다. 또한, 대형 유통기업들은 유통망을 전국적으로 확대하며 물류 효율성을 극대화시켰다. 이는 전통시장의 상인들이 갖기 어려운 경쟁 우위였다.

전통시장은 낙후된 시설, 불편한 접근성, 가격 경쟁력 부족 등으로 소비자들에게 매력적이지 않았다. 상인들의 개인적인 노력이나 공동으로 추진하는 마케팅 활동으로는 대형 마트의 방대한 광고와 판촉 활동에 대항하기 어려웠다. 특히, 대형 마트들이 중저가 제품을 집중적으로 공략하면서, 상대적으로 가격이 높은 전통시장의 경쟁력은 급격히 떨어졌다. 소비자들은 실용적이고 경제적인 선택을 중시했기에, 자연스럽게 대형 유통매장을 선호하게 되었다.

온라인 소비의 급격한 확대

온라인 쇼핑의 급격한 성장은 전통시장에 또 다른 치명적인 타격을 주었다. 특히 2000년대 중반 이후 인터넷 쇼핑몰과 모바일 쇼핑의 발달은 소비자의 쇼핑 환경을 급변시켰다. 사람들이 집에서 손쉽게 인터넷으로 상품을 주문하고, 빠르게 배송받는 것이 일상이 되면서 전통시장의 입지는 더욱 좁아졌다. 이커머스 플랫폼인 쿠팡, G마켓, 11번가와 같은 온라인 쇼핑몰들이 제공하는 빠른 배송과 다양한 할인 혜택은 소비자들이 전통시장을 찾는 이유를 약화시켰다.

특히, 모바일 쇼핑의 확산은 젊은 세대에게는 더욱 강력한 대체제가 되었다. 모바일 앱을 통해 소비자는 언제 어디서든 편리하게 쇼핑을 할 수 있었고, 자신이 원하는 상품을 검색해 빠르게 구매할 수 있었다. 당일 배송이나 새벽 배송과 같은 서비스는 소비자들에게 더 이상 시장에 나가서 물건을 구매할 필요성을 느끼지 않게 했다. 특히 팬데믹 기간 동안 비대면 소비가 일상화되면서, 온라인 쇼핑의 편리함과 안전성은 전통시장에 치명적인 경쟁력이 되었다.

젊은 세대의 시장 이탈 현상

젊은 세대는 전통시장에서 소비를 선호하지 않는 경향을 보였다. 이는 단순히 불편하다는 인식에 그치지 않는다. 전통시장은 젊은 세대에게 구식이자 불편한 곳으로 인식되었다. 가격 경쟁력은 부족하고, 최신 트렌드를 반영한 상품이 부족하다는 인식이 강하게 자리 잡았다. 또한, 소셜 미디어와 인플루언서 마케팅의 확산으로, 젊은 소비자들은 대형 마트나 쇼핑몰, 온라인 쇼핑에서 구매할 수 있는 다양한 최신 상품들에 매료되었다.

'전통시장 = 구식'이라는 고정관념은 젊은 소비자들에게 전통시장을 더 이상 매력적인 쇼핑 공간으로 여기게 하지 않았다. 오히려 전통시장은 그들에게 시골스러운, 오래된, 불편한 장소로 여겨졌고, 이는 자연스럽게 그들의 발길을 멀어지게 했다. 젊은 세대가 선호하는 스타일리시하고 현대적인 쇼핑 환경을 제공하지 못한 전통시장은 이들에게 더 이상 매력적이지 않았다.

전통시장의 쇠퇴는 구조적 문제와 외부 충격의 복합적 결과

결국, 전통시장은 산업화와 유통 구조의 변화, 대형 유통기업과의 경쟁, 온라인 쇼핑의 확대, 그리고 젊은 세대의 시장 이탈이라는 복합적인 요인들로 인해 쇠퇴의 길을 걸었다. 전통시장이 처한 문제는 단순히 하나의 원인에서 비롯된 것이 아니었다. 오히려 각종 외부 충격들이 합쳐지면서 전통시장의 경쟁력을 약화시키고, 결국 많은 시장들이 경제적 어려움을 겪게 되었다.

전통시장은 이제 과거의 방식을 그대로 고수하기에는 너무 많은 장애물을 마주하게 되었다. 과거와 달리, 더 이상 소비자는 전통시장에 가서 물건을 사는 것이 아니라, 편리하고 신속하며 다양한 선택이 가능한 쇼핑 환경을 찾고 있다. 그럼에도 불구하고, 전통시장이 살아남기 위해서는 기존의 경쟁 환경을 제대로 진단하고, 새로운 변화와 혁신을 받아들여야 할 시점이다.

5. 전통시장은 왜 쇠퇴했는가: 내부의 한계

전통시장의 쇠퇴 원인 중에는 외부적 요인만큼이나 내부적 한계가 중요한 역할을 했다. 전통시장이 마주한 현실은 대기업이나 온라인 쇼핑몰의 확장이 아니라, 시장 내부의 구조적 문제에서 비롯된 부분이 크다. 특히, 시장 운영의 핵심인 상인들의 고령화와 후계자 부재, 협력적 구조의 부재는 시장의 자생력을 약화시키고, 지속 가능한 발전을 가로막는 큰 장애물로 작용하고 있다.

노령 상인 비중과 후계자 부재

전통시장의 운영에서 가장 중요한 요소는 바로 상인들이다. 그러나 많은 전통시장에서 상인들의 고령화가 심각한 문제로 떠오르고 있다. 대다수의 상인들은 60대 이상의 고령층으로, 젊은 상인들이 시장에 발을 들이지 않으면서 후계자 부재 문제가 더욱 두드러지게 되었다. 이로 인해 전통시장은 세대교체가 이루어지지 않아 지속적인 생명력과 혁신을 발휘하는 데 어려움을 겪고 있다.

이 문제는 단순히 인구 통계적인 문제에 그치지 않는다. 고령의 상인들이 대부분을 차지하는 시장에서, 상점 운영이나 상품 관리, 판매 전략 등 다양한 분야에서의 변화에 대한 저항이 커진다. 현대적인 유통 방식이나 디지털 시스템에 대한 이해도가 부족하고, 그로 인해 온라인 쇼핑과 디지털 마케팅에 접근하기 어려운 경우가 많다. 이로 인해 많은 전통시장은 여전히 옛 방식에 의존하고 있으며, 이는 시장의 경쟁력을 약화시키는 주요 요인이 된다.

또한, 고령 상인들이 운영하는 상점은 주요 유통 경로나 고객층의 변화를 따라가지 못하고 있다. 젊은 소비층은 전통시장에 대한 인식이 약하고, 기존의 상인들이 제공하는 상품과 서비스가 그들의 취향과 맞지 않게 된다. 이런 구조적인 문제로 인해 전통시장의 새로운 세대와의 연결이 끊어지고, 결국 후계자 문제는 시장의 지속 가능한 발전을 어렵게 만든다.

공동 마케팅, 공동 브랜드의 부재

전통시장의 또 다른 중요한 문제는 바로 공동 마케팅과 브랜드 전략의 부재다. 많은 전통시장은 상인들이 개별적이고 독립적으로 운영되는 경향이 강하다. 이는 상인들이 서로 협력하거나 공동 브랜드를 형성하는 데에 장애물이 된다. 개별 상인들은 각자 자신의 판매 방식에만 집중하며, 전체 시장의 홍보나 마케팅을 함께 고민하는 일이 드물다.

이로 인해 전통시장은 집합체로서의 브랜드 아이덴티티가 부족하다. 대형 마트나 온라인 쇼핑몰은 강력한 브랜드와 마케팅 전략을 통해 소비자를 유치하는 반면, 전통시장은 그 자체로 차별화된 가치를 소비자에게 전달하는 데 한계가 있다. 예를 들어, 전통시장의 개별 상점은 저마다 다르게 운영되고 있으며, 통합된 마케팅이나 프로모션 활동이 부족하다. 시장의 특성을 살려 통일된 브랜드 이미지를 구축하고, 소비자들에게 일관된 경험을 제공하는 방식이 부족한 것이다.

게다가, 전통시장의 공동 마케팅이 부재함으로써, 각 상인들은 고립된 판매 활동을 하게 된다. 대형 마트나 온라인 쇼핑몰에서는 할인 행사, 무료 배송, 단일화된 고객 서비스 등을 제공하며 고객을 끌어들이지만, 전통시장은 각 상인들의 개별적인 마케팅에 의존하게 된다. 이를 해결하기 위한 시도로 일부 시장에서는 플랫폼을 통한 공동 판매나 지역 특산물의 브랜드화를 시도하기도 했지만, 이러한 시도들은 아직까지 전통시장의 일반적인 모습으로 자리 잡지는 못했다.

동종 업종 간 협업 구조 없이 개별 생존에 의존하는 방식

전통시장이 겪고 있는 또 다른 문제는 동종 업종 간 협업 구조의 부재다. 많은 전통시장에서 상인들은 개별적으로 생존을 모색하며, 공동체적인 협업을 통해 시장 전체의 경쟁력을 키우는 시스템을 갖추지 못하고 있다. 각 상인들은 자신의 가게를 운영하면서도, 시장 자체를 발전시키려는 의지가 부족하고, 이를 위해 협력하는 구조가 마련되지 않는다. 이러한 경향은 특히 소규모 상점들이 모여 있는 전통시장에서 두드러진다.

개별 상인들은 경쟁적 환경에서 서로 다른 상품을 판매하며 개별 생존에 집중하는 경향이 강하다. 이로 인해 시장의 전체적인 시너지 효과가 발휘되지 않는다. 대형 마트나 온라인 쇼핑몰은 거대한 유통망과 다양한 협력 네트워크를 바탕으로 가격 경쟁력을 높이고 있지만, 전통시장은 상인들 간의 상호 협력보다는 개별적으로 경쟁하는 구조로 운영된다. 예를 들어, 같은 품목의 상인들이 서로 다른 가격대와 상품을 제시하는 방식은 소비자에게 혼란을 주며, 일관된 서비스를 제공하기 어렵게 만든다.

더욱이, 상인들 간의 정보 공유나 경영 전략의 교류가 부족하다. 각 상인은 자신만의 방식으로 가격을 책정하고, 상품을 진열하며, 고객을 맞이하지만, 이는 시장의 전체적인 전략을 통합적으로 이끌어 갈 수 있는 힘이 부족하다. 대형 마트와 온라인 쇼핑몰은 강력한 유통망과 협력적인 유통 구조를 갖추고 있지만, 전통시장은 각 상인이 개별적으로 활동하기 때문에 효율적인 마케팅이나 집단적인 경쟁력을 확보하기 어려운 실정이다.

협력적 모델과 혁신적 접근

이 문제들을 해결하기 위해서는, 상인들 간의 협력적 모델을 구축하는 것이 중요하다. 예를 들어, 시장 내에서 공동 브랜드를 만들어 소비자에게 일관된 메시지를 전달하거나, 공동 마케팅 활동을 통해 시장 전체의 인지도를 높일 수 있다. 또한, 디지털 시대에 맞는 온라인 플랫폼 구축이나 공동 배송 서비스 등을 통해 전통시장이 새로운 소비 패턴에 맞는 혁신적 구조로 변화할 수 있는 기회를 만들 수 있다.

전통시장이 자생력을 회복하고 지속 가능한 발전을 이루기 위해서는, 단기적인 해결책에 그치지 않고, 상인들 간의 협업과 공동체 정신을 바탕으로 하는 근본적인 변화가 필요하다.

6. 전통시장은 왜 쇠퇴했는가: 정부 지원의 한계

전통시장에 대한 정부의 지원은 한편으로는 시장 활성화를 위해 중요한 역할을 해왔지만, 그 지원 방식에는 한계가 명확하게 드러나고 있다. 주로 하드웨어 중심의 접근 방식에 치중된 지원이 대부분으로, 시설 현대화와 물리적 인프라 개선에 집중된 반면, 실제로 시장을 살리고 활성화하기 위한 콘텐츠와 서비스의 혁신은 상대적으로 간과되었다. 또한, 정부의 지원 사업은 단발성으로 끝나는 경우가 많고, 사후 관리나 지속적인 지원이 부족해 전통시장의 근본적인 문제를 해결하기에는 역부족이었다. 더 나아가, 정책의 평가 기준이 정량적으로만 이루어지다 보니, 시장 활성화를 위한 질적 개선이나 문화적 요소는 충분히 반영되지 않았다.

시설 현대화와 콘텐츠 빈곤

정부의 주요 지원 방식 중 하나는 시설 현대화이다. 많은 전통시장은 낡은 건물과 불편한 인프라로 인해 소비자들의 접근성을 제한하고, 상인들의 영업 환경도 불편하기 때문에, 정부는 시장의 시설을 현대화하고, 물리적인 공간을 개선하는 데 많은 자원을 투입해 왔다. 예를 들어, 기초 시설 개선, 주차장 확보, 냉난방 시설 설치, 위생 개선 등이 대표적인 하드웨어 중심의 지원 사업들이다. 이러한 사업은 분명 시장의 기본적인 환경을 개선하는 데 중요한 역할을 해왔다.

하지만 시설 현대화만으로는 전통시장의 활성화를 이루기에는 한계가 있다. 시설이 아무리 현대화되더라도, 시장에서 제공되는 콘텐츠 즉, 상품, 서비스, 고객 경험 등이 부족하다면 소비자들의 지속적인 방문을 이끌어 내기는 어렵다. 예를 들어, 상품의 품질이나 상인들의 서비스 수준, 시장 내 문화적 요소는 여전히 개별 상인의 역량에 크게 의존한다. 또한, 전통시장에서 제공하는 경험이 현대 소비자들의 기대에 부합하지 못할 경우, 아무리 시설을 개선해도 그 시장이 진정한 의미에서 '활성화'되었다고 할 수 없다.

예를 들어, 전통시장 푸드트럭이나 퓨전 음식을 도입하는 등의 혁신적 시도가 필요하지만, 많은 정부 지원 사업은 단기적인 시설 개선에 집중된 나머지, 문화적 콘텐츠나 체험 중심의 서비스는 소홀히 다뤄진 경우가 많다(물론 이 부분은 기존 상인들의 거부에 기인하는 경우가 많다). 결국, 정부의 시설 지원은 한정적인 효과만을 거두고, 서비스 혁신이나 문화적 다양성을 반영하는 더 근본적인 변화가 부족한 상황이 계속된다.

지원금 사업의 단발성과 사후 관리 부재

또 다른 중요한 문제는 지원금 사업의 단발성이다. 정부는 전통시장 활성화를 위한 다양한 지원 프로그램을 운영하지만, 이러한 사업들은 대부분 단기적이고 일회성으로 끝나는 경우가 많다. 예를 들어, 전통시장을 대상으로 하는 시설 현대화 지원, 마케팅 지원, 상품 개선 지원 등은 대부분 일정 기간 동안만 지원된다. 이런 단기적인 지원은 전통시장이 지속 가능한 경쟁력을 키우는 데는 역부족이다.

상인들은 정부의 지원금을 받았다고 하더라도, 그 지원이 종료된 이후에 지속 가능한 발전을 이끌어 낼 방법을 찾지 못한다. 예를 들어, 시설 개선이 이루어졌다고 하더라도, 이를 활용할 수 있는 서비스나 콘텐츠가 부족하면 그 효과는 한계가 있다. 또한, 후속 지원이 부족하고, 사후 관리가 제대로 이루어지지 않는 경우에는, 그 지원이 단지 시설 개선에 그치고 만다. 결국, 전통시장의 활성화는 단기적인 지원에만 의존할 수는 없으며, 지속적인 관리와 후속 조치가 반드시 필요하다.

사후 관리가 부족하면, 시설 현대화가 이루어진 이후에도 시장은 다시 예전의 모습으로 돌아가거나, 새로운 변화에 적응하지 못한 채 침체될 위험이 크다. 지원 사업 종료 후, 상인들이 스스로 시장을 개선할 수 있는 역량을 기르기 위한 지속적인 교육이나 멘토링이 필요하지만, 이러한 부분은 종종 간과된다.

정량 평가 위주의 정책이 놓치는 부분들

정부의 지원 사업은 대체로 정량적 평가에 의존하는 경향이 있다. 예를 들어, 시장 방문객 수, 매출 증가율, 지원금 집행 규모 등을 중심으로 성과를 측정하는 경우가 많다. 이러한 정량적 평가는 명확한 지표를 제공하지만, 질적 요소 즉, 시장의 문화적 변화, 소비자의 만족도, 상인들의 혁신성 등은 평가되지 않거나 간과되는 경우가 많다.

정량적인 성과 지표는 단기적인 변화에 집중하게 만드는 경향이 있으며, 이는 지속 가능한 발전을 위한 핵심적인 요소인 서비스의 질적 향상이나 문화적 변화를 충분히 반영하지 못한다. 예를 들어, 시장 방문객 수가 증가했더라도, 그 방문객들이 즐거운 쇼핑 경험을 했는지, 품질 높은 상품을 구매했는지, 상인들과의 관계에서 만족감을 느꼈는지는 평가되지 않는다.

또한, 상인들이 스스로 자립할 수 있는 역량을 키울 수 있는 방법을 지원하는 것보다는, 단기적으로 성과를 내는 데 집중하는 경우가 많다. 이로 인해 중장기적인 경쟁력 강화는 놓치고, 단기적인 성과 창출에만 집중한 결과로 시장 활성화가 지속되기 어려운 상황이 발생한다. 이후 시장은 자생력을 갖기는커녕 정부의 또 다른 지원을 기다리는 존재가 되곤 한다.

부처이기주의와 칸막이 행정

전통시장 활성화라는 과제를 두고 여러 부처와 지자체가 손을 내미는 듯 보이지만, 중앙부처나 지자체 각 부서가 따로따로 사업을 추진하다 보니, 같은 권역에서 유사한 사업이 중복적으로 진행된다. 중앙정부에서는 상권 활성화는 중소벤처기업부, 도시재생은 국토교통부가 맡고, 지방자치단체로 내려가면 지역경제과와 도시재생과가 각각의 성과를 위해 따로 움직인다. 이름은 다르지만, 모두 지역을 살리겠다는 명분을 갖고 있는 사업들이다. 그러나 정작 그 진행 과정에서 서로를 바라보는 눈빛은 따뜻하지 못하다. 협업은 부담스럽고, 성과는 나눌 수 없는 전리품처럼 여겨진다.

이른바 '부처이기주의'와 '칸막이 행정'이다. 문제는 이런 태도가 단순히 행정의 불편을 넘어, 지역의 미래를 갉아먹는다는 데 있다. 같은 권역에서 서로 다른 사업이 중복적으로 진행되면 예산은 분산되고 효과는 반감된다. 상권과 도시, 주거와 교통은 본래 하나의 유기적 생태계인데, 행정의 잣대에 잘려 나간 채 따로따로 관리된다. 그러다 보니 정책은 단절되고, 사업은 흩어진다.

특히 지방은 인구 감소와 경제 쇠퇴라는 중대한 위기에 직면해 있다. 그런데도 지원 사업들이 제각각 추진되다 보니 '큰 그림'을 통한 지역 회생 전략이 부재하게 되고, 결과적으로 전통시장을 중심으로 한 지역 재생의 기회가 분산되고, 지속 가능성이 낮아진다.

장기적인 관점에서의 정책 재설계

전통시장 활성화를 위한 정부의 지원은 시설 개선에 그치지 않고, 서비스 혁신과 문화적 변화를 포함한 전방위적인 접근이 필요하다. 또한, 지원 사업은 단발적인 성과를 추구하는 것이 아니라, 지속 가능성을 고려한 장기적인 지원과 후속 관리가 이루어져야 한다. 정량적 평가를 넘어서는 질적 평가가 필요하며, 시장의 문화적 변화, 상인 역량 강화, 소비자 경험 등을 중요한 성과 지표로 삼아야 한다. 지원 부서 간의 협업을 유도하여 예산의 낭비를 줄이고, 활성화 사업의 시너지를 창출해야 한다.

또한, 전통시장의 경쟁력을 키우기 위해서는 협업과 공동체적 접근이 필수적이다. 정부는 공동 마케팅이나 브랜드화 등 상인들이 함께 협력할 수 있는 기회를 제공하고, 이를 통해 시장의 지속 가능한 발전을 이끌어 낼 수 있는 장기적인 비전을 제시해야 한다.

7.
디지털 전환의 가속화와 전통시장

디지털 기술의 급격한 발전은 전통시장의 운영 방식과 소비자 행동을 근본적으로 변화시키고 있다. 특히, 온라인 플랫폼의 확산은 전통시장이 직면한 새로운 도전 과제가 되었으며, 이는 경쟁, 협력, 공존의 세 가지 양상으로 전통시장과의 관계를 형성하고 있다. 전통시장은 그동안 오프라인 중심의 사업 방식을 고수해 왔지만, 이제는 디지털 전환을 통해 새로운 경쟁력을 확보해야 할 시점에 와 있다. 이 과정에서 온라인 플랫폼과의 경쟁은 불가피하지만, 동시에 협력의 기회를 통해 상생할 가능성도 존재하며, 결국 공존하는 새로운 모델을 창출할 수 있다.

온라인 플랫폼과의 경쟁: 전통시장의 위기

온라인 쇼핑의 급성장은 전통시장을 강하게 압박하고 있다. 배달의민족, 쿠팡, G마켓, 11번가와 같은 대형 온라인 쇼핑몰과 소셜 커머스 플랫폼은 소비자들에게 편리함과 빠른 배송, 그리고 다양한 상품군을 제공하면서, 전통시장의 소비자층을 빠르게 잠식해 갔다. 특히 젊은 세대는 온라인 쇼핑을 주요 소비 방식으로 삼고 있으며, 전통시장이 제공할 수 있는 공간의 물리적 제약이나 상품의 다양성 부족 등은 시장의 경쟁력을 상실하게 만들었다.

전통시장은 온라인 판매에 대한 대응 속도가 상대적으로 느렸고, 많은 상인들은 온라인 마케팅에 대한 이해도 부족과 디지털 기기 사용에 익숙하지 않아서 온라인 시장에 쉽게 진입할 수 없었다. 또한, 전통시장의 상품 정보나 소비자 경험은 대부분 오프라인 환경에 의존하고 있기 때문에, 온라인 쇼핑몰과 비교했을 때 편리함과 속도에서 경쟁하기 어려웠다. 이러한 상황은 전통시장이 온라인 플랫폼과의 경쟁에서 불리한 위치에 놓이게 만들었다.

그러나, 전통시장이 겪고 있는 디지털 전환의 압박은 단순히 위기만을 의미하지 않는다. 오히려 이 경쟁 속에서 전통시장은 디지털 혁신의 필요성을 깨닫고, 온라인 판매와 디지털 마케팅을 통한 새로운 성장 가능성을 찾아가고 있다.

온라인 플랫폼과의 협력: 시너지 효과 창출

경쟁만이 답은 아니다. 오히려 전통시장은 온라인 플랫폼과의 협력을 통해 상생할 수 있는 모델을 모색할 필요가 있다. 여러 전통시장들이 온라인 마켓플레이스와 손을 잡고, 자신들의 상품을 디지털 플랫폼에 입점시키는 방법으로 시장을 활성화하고 있다. 예를 들어, 전통시장의 상인들이 쿠팡, G마켓, 11번가와 같은 대형 온라인 쇼핑몰에 입점하여, 지역 특산물이나 전통 음식 등을 판매하는 방식이 늘어나고 있다.

이러한 협력은 상인들이 온라인 플랫폼의 편리함과 광범위한 고객층을 활용할 수 있도록 하며, 동시에 전통시장의 특색을 알리고 로컬 상품의 가치를 확산시키는 효과를 가져온다. 전통시장은 오프라인 공간에서 느낄 수 있는 지역적 매력과 상인들과의 소통을, 온라인 플랫폼은 편리함과 빠른 배송, 더 넓은 소비자층을 제공함으로써 상호 보완적인 관계를 형성할 수 있다.

예를 들어, 디지털 전통시장은 온라인 판매 시스템을 도입하여, 전통시장의 특산물이나 먹거리를 인터넷을 통해 쉽게 구매할 수 있게 했다. 또한, 네이버 스마트스토어와 같은 플랫폼을 활용해, 지역 특산물을 온라인으로 판매하는 상인들이 증가하고 있다. 이들은 온라인 홍보를 통해 전통시장의 인지도를 높이고, 더 많은 소비자들에게 접근하고 있다. 또한, 일부 전통시장에서는 전통시장 자체의 쇼핑몰을 구축하여, 오프라인 시장과 온라인 시장을 통합하려는 시도가 이루어지고 있다.

온라인 플랫폼과의 공존: 지속 가능한 미래

경쟁과 협력이 모두 중요하지만, 전통시장의 디지털 전환이 성공적으로 이루어지기 위해서는 온라인 플랫폼과의 공존이 중요한 요소가 된다. 전통시장은 오프라인의 문화적 특성과 온라인의 편리함을 결합하여, 새로운 소비 패턴을 만들어 나가야 한다. 즉, 디지털 전환을 보완적인 관계로 이해하고, 두 환경이 상호 보완적인 방식으로 공존할 수 있는 방법을 모색해야 한다.

이 공존 모델은 하이브리드 쇼핑 환경을 통해 구현될 수 있다. 예를 들어, 소비자가 온라인으로 상품을 주문한 후 전통시장에서 직접 수령하거나, 오프라인 방문 시 디지털 시스템을 통해 실시간 재고 확인 및 빠른 결제가 가능하게 하는 방식이다. 이러한 시스템은 전통시장의 장점인 지역 특성과 문화적 매력을 온라인 쇼핑몰의 편리함과 결합시켜 시너지 효과를 창출할 수 있다.

전통시장 4.0이라고 불리는 이런 모델은 디지털화된 서비스와 오프라인의 강점을 융합하며, 소비자들에게 다양한 구매 경로를 제공한다. 또한, 로컬 경제를 활성화하고 지역 상권을 지킬 수 있는 기회가 된다. 이는 단순히 경쟁을 넘어서는 상호 발전의 길을 여는 것이다.

전통시장과 온라인 플랫폼의 성공적인 공존

전주 남부시장은 온라인 플랫폼과의 협력을 통해 상생 모델을 구축한 대표적인 사례이다. 이 시장은 네이버 스마트스토어와 연계하여 전주 특산물과 한식 재료를 온라인으로 판매하고 있으며, 이로 인해 전주 남부시장을 찾은 소비자들뿐만 아니라 전국적 소비자들을 대상으로 한 시장 확장이 가능해졌다. 또한, 오프라인 방문객은 전통적인 장터 분위기에서 경험을 즐기면서, 온라인 쇼핑몰에서 편리하게 상품을 구매할 수 있다. 이 사례는 전통시장과 온라인 플랫폼이 경쟁을 넘어서 상호 보완적 관계를 맺을 수 있음을 잘 보여준다.

전통시장과 온라인 플랫폼의 공존 가능성

전통시장이 디지털 전환의 물결에 맞서기 위해서는 온라인 플랫폼과의 경쟁, 협력, 공존을 통한 상생의 길을 찾는 것이 중요하다. 전통시장은 더 이상 오프라인 중심의 사업 방식을 고수할 수 없으며, 디지털화된 세상에서 새로운 경쟁력을 확보할 필요가 있다. 온라인 플랫폼과의 협력을 통해 더 많은 고객층에 다가가고, 하이브리드 모델을 통해 오프라인의 특성과 온라인의 편리함을 결합하는 공존 모델을 만들어 나갈 때, 전통시장은 지속 가능한 성장을 이룰 수 있을 것이다.

8.
변화의 조짐: 무너짐 속에서도 피어난 가능성

전통시장이 직면한 위기 속에서도, 변화의 조짐은 곳곳에서 포착되고 있다. 전통시장의 쇠퇴가 장기적으로 이어지고 있지만, 그 안에는 자발적인 혁신 노력과 새로운 가능성들이 피어나는 모습이 보인다. 이는 단순한 변화가 아니라 청년 상인들의 등장, 새로운 콘텐츠의 도입, 그리고 SNS와 로컬 브랜드와의 협업을 통한 전통시장 재활성화의 실마리가 되고 있다. 기존의 틀에서 벗어난 새로운 시도들이 시장을 변화시키고 있으며, 이 과정에서 전통시장의 미래가 조금씩 다르게 그려지고 있다.

일부 시장의 자발적 혁신 노력

전통시장이 쇠퇴하는 동안, 그 속에서도 일부 시장들은 스스로 변화의 길을 모색하며 혁신적인 시도를 이어가고 있다. 이러한 변화는 주로 시장 내부의 상인들이 자발적으로 협력하고 창의적인 방법을 모색하는 방식으로 이루어지고 있다. 예를 들어, 서울의 통인시장은 전통적인 방식에서 벗어나, 지역 특성을 살린 새로운 아이템과 체험 프로그램을 도입하여 주목받고 있다.

통인시장은 도시락 체험 프로그램을 운영하고 있으며, 이는 전통시장에서 제공하는 음식과 체험을 결합한 혁신적인 시도이다. 이 프로그램은 소비자들에게 단순히 물건을 구매하는 것을 넘어서, 전통문화와의 상호작용을 통해 기억에 남는 경험을 제공한다. 또한, 통인시장은 전통 음식의 현대적인 변형을 시도하는 상인들의 참여로 시장 내 음식의 다양화가 이루어졌다. 이런 변화는 단순히 시장 환경을 개선하는 데 그치지 않고, 새로운 고객층을 유입하는 데 큰 역할을 하고 있다.

이처럼 자발적 혁신을 통해 일부 시장들은 전통적인 틀을 깨고, 문화적 가치와 현대적 요구를 결합하며 시장을 활성화하고 있다. 전통시장은 더 이상 과거의 방식에 얽매이지 않고, 변화와 실험을 통해 미래지향적인 모습을 찾아가고 있다.

청년 상인의 등장과 새로운 콘텐츠

전통시장이 겪고 있는 고령화 문제를 해결할 수 있는 중요한 요소 중 하나는 바로 청년 상인의 등장이다. 전통시장은 많은 부분에서 고령의 상인들이 운영하는 경우가 많았지만, 최근에는 청년 상인들이 활발히 참여하면서 시장의 분위기를 변화시키고 있다. 이들은 기존 상업 구조에서 벗어나 새로운 콘텐츠를 도입하며 시장에 신선한 활력을 불어넣고 있다.

예를 들어, 서울의 망원시장은 청년 창업가들의 참여로 점차 변화의 바람을 일으키고 있다. 망원시장은 트렌디한 카페, 빈티지 소품 가게, 수제 간식을 판매하는 상점들이 늘어나면서, 젊은 소비자들이 자주 찾는 핫플레이스로 자리 잡았다. 특히, 청년 상인들은 디지털 마케팅에 능숙하며, SNS를 활용한 홍보와 트렌디한 메뉴 개발 등으로 시장을 활성화시키고 있다.

이처럼 청년 상인들의 등장은 전통시장의 시장성과 경쟁력을 높이는 중요한 변화를 가져오고 있다. 그들은 기존의 전통적인 방식에 신선한 변화를 주입하며, 전통시장을 현대적인 라이프 스타일에 맞게 재해석하고 있다. 또한, 청년 상인들은 소셜 미디어와 인플루언서 마케팅을 적극적으로 활용하여, 전통시장을 방문하지 않던 젊은 세대의 발길을 이끌어 내고 있다.

SNS, 로컬 브랜드와의 연계 시도

전통시장의 변화가 디지털 혁명과 밀접하게 연결되고 있다는 점도 중요하다. SNS와 로컬 브랜드와의 연계 시도는 전통시장의 활성화에 큰 영향을 미치고 있으며, 특히 온라인 마케팅과 소셜 네트워크의 활용은 전통시장이 더 넓은 시장에 노출되는 중요한 경로로 작용하고 있다.

서울의 광장시장은 SNS를 통한 마케팅의 성공적인 사례로 자주 언급된다. 광장시장은 인스타그램과 유튜브를 활용한 홍보 활동을 통해 많은 젊은 소비자들을 끌어들였다. 특히 먹방과 리뷰 영상이 확산되면서, 광장시장은 식도락 여행지로서의 이미지가 강화되었고, 이는 시장 내 다양한 가게들이 더욱 많은 방문객을 유치하게 만드는 계기가 되었다. 또한, 로컬 브랜드와의 협업도 두드러진 사례로, 광장시장은 지역 특산물을 활용한 제품을 로컬 브랜드와 함께 제작하고 이를 온라인 플랫폼에서 판매하는 방식으로 온라인 쇼핑몰을 통해 매출을 올리고 있다.

SNS를 활용한 마케팅과 로컬 브랜드와의 연계는 전통시장이 단순한 오프라인 매장을 넘어 온라인 소비 시장에까지 영향을 미치도록 만드는 중요한 요소다. 이는 전통시장과 그 상인들에게 새로운 매출원과 고객층을 확보할 수 있는 기회를 제공하며, 전통시장만의 독특한 아이덴티티와 문화를 세계에 알리는 효과를 가져온다.

변화의 작은 씨앗

일부 시장들의 자발적 혁신 노력과 청년 상인들의 등장, SNS와 로컬 브랜드와의 협업은 전통시장의 미래를 위한 중요한 실험이자 변화의 시작을 알리고 있다. 이들은 전통과 현대를 잇는 중요한 가교 역할을 하며, 소비자들에게 새로운 경험과 가치를 제공하고 있다. 변화의 물결은 급격하지 않지만, 점진적이고 지속적인 노력으로 전통시장의 활성화 가능성을 높이고 있으며, 이는 전통시장이 지속 가능한 경제 모델로 성장할 수 있는 발판이 된다.

이와 같은 변화가 일어나고 있다는 것은, 전통시장이 단순히 소멸할 운명이 아니라, 새로운 가능성을 품고 계속해서 변화할 수 있다는 희망을 보여준다. 물론 여전히 해결해야 할 과제들이 있지만, 이러한 자발적인 변화들은 전통시장의 진화를 가능하게 하는 중요한 씨앗이 될 것이다.

9.
MZ 세대의 유입, 전통시장에 새로운 기회인가 위협인가?

오랜 시간 동안 전통시장이 마주해 온 가장 큰 과제 중 하나는 단절이다. 고령화된 상인층과 노년 중심의 고객군, 그리고 빠르게 변화하는 소비 패턴 사이의 간극은 단순한 세대교체의 문제가 아니다. 이는 문화적·사회적 소통 방식 전반이 전환점을 맞이하고 있다는 신호이며, 이러한 맥락 속에서 MZ 세대의 등장은 전통시장에 있어 위기이자 동시에 전환점이 될 수 있다.

MZ 세대는 누구인가?

MZ 세대(밀레니얼 + Z세대)는 디지털 환경에서 자라난 첫 세대이자, 가치 중심 소비의 대표주자다. 이들은 단순한 효용성보다 제품에 담긴 철학, 브랜드의 태도, 사회적 책임 같은 비물질적 가치를 중시한다. 또한 SNS를 통해 일상과 소비를 공유하며, 경험을 콘텐츠화하는 능력에 익숙하다.

즉, 이들은 무엇을 사느냐보다 어떻게 소비하고, 어떤 의미를 발견했는지가 더 중요하다. 이러한 소비 관점은 기능과 가격 중심의 전통시장 운영 방식과 충돌하거나, 반대로 시장을 재정의할 기회가 되기도 한다.

새로운 감각, 새로운 기회

MZ 세대는 오래된 것에 가치를 덧입히는 감각을 지녔다. 레트로(retro)가 아닌 뉴트로(newtro) 문화가 대표적이다. 이들은 낡은 공간에서 새로운 스토리를 발견하고, 과거의 유산을 현대적인 감성으로 재해석할 줄 안다. 전통시장은 바로 그런 숨겨진 보물창고가 될 수 있다.

전통시장이 이들에게 매력적인 공간으로 다시 태어나기 위해서는, 단지 젊은 층을 유입시키는 것이 목적이 아니라, 그들의 언어와 코드를 이해하고 시장 안에서 함께 공존할 수 있는 구조를 만들어야 한다.

소비 트렌드와 전통시장의 접점

1. 경험 중심 소비 → 시장을 콘텐츠로 전환

MZ 세대는 사는 곳이 아니라 찍을 곳, 즐길 곳을 원한다. 이는 전통시장에도 체험형 콘텐츠 도입의 필요성을 시사한다. 예컨대, 로컬 재료로 요리해 보는 쿠킹 클래스, 전통 조리 기구를 사용하는 시연 행사,

상인의 구술을 바탕으로 한 역사 투어 등은 시장을 하나의 체험형 플랫폼으로 확장할 수 있는 방향이다.

2. 가치소비 → 브랜드로서의 전통시장

MZ 세대에게 전통은 낡은 것이 아니라, 이야기가 담긴 것이다. 예를 들어, 할머니가 대를 이어 운영하는 김밥집, 손으로 짜는 목화솜 이불 가게는 단지 상품이 아닌 하나의 브랜드가 될 수 있다. 여기에 동시대적 언어를 입히는 작업(예: 감각적인 간판, 스토리 기반 패키징, SNS와 연계된 상점 홍보)은 시장의 이미지를 탈바꿈시킨다.

3. 디지털 네이티브 → 디지털 전통시장의 탄생

MZ 세대에게 온라인은 일상이다. 단지 홍보용 인스타그램 계정에 그치지 않고, 온라인 주문 연계, 라이브 커머스를 통한 실시간 소통, 스마트 결제 시스템 도입 등은 시장 진입 장벽을 실질적으로 낮추는 수단이다. 여기에 오프라인과 연계된 이벤트(예: SNS 인증샷 이벤트, 방문 도장 찍기 챌린지 등)는 시장 방문을 놀이로 전환시킬 수 있다.

4. 커뮤니티 중심 소비 → 함께 만드는 시장

MZ 세대는 브랜드의 팬이기 이전에, 공동체의 일원이 되기를 원한다. 이들을 단순한 소비자가 아니라 시장의 공동 기획자로 포지셔닝하면, 자발적 참여가 가능해진다. 실제로 지역 청년 기획자들이 참여한 전통시장 브랜딩 프로젝트는 단발성 이벤트가 아닌 지속 가능한 커뮤니티로 성장하는 사례를 만들어 가고 있다.

서울 망원시장의 젊은 창업자가 운영하는 디저트 가게, 레트로 스타일의 카페, 시장 안에서 열리는 독립출판 마켓 등은 시장을 일상 속 핫플레이스로 전환시켰다. 대구 방천시장은 예술가들과 협업한 벽화 프로젝트, 라이브 공연, 문학 거리 조성 등으로 젊은 층의 발길을 유도하고 있다. 부산 깡통시장은 전통 먹거리와 글로벌 길거리 음식을 결합한 야시장 운영을 통해 MZ 세대와 관광객 모두에게 어필하고 있다.

이들의 공통점은 시장 본래의 정체성을 해치지 않는 선에서 새로운 문화 요소를 유입하고 있다는 것이다. 억지로 젊은 감각을 입히는 것이 아니라, 전통이 지닌 고유한 매력을 현대적 방식으로 '재조명'한 것이다.

전략: 기회를 현실로 만들기 위해

1. 청년과 상인의 협업 구조화

젊은 감각을 가진 이들이 한시적으로 개입하는 방식은 지속 가능하지 않다. 지역 기반의 청년 기획자, 디자이너, 마케터들이 시장과 장기적으로 연계될 수 있도록 중간 지원조직(시장 매니지먼트 조직)의 설립이 필요하다.

2. 작은 실험을 허용하고 기록하기

하나의 청년 가게가 성공하면 그것이 시장 전체의 인상을 바꾼다. 이 작은 성공을 체계적으로 기록하고, 타 점포로 확산시킬 수 있는 실험

모델로 정착시켜야 한다.

세대 간 소통의 장 마련

전통시장 내 변화는 젊음만으로 해결되지 않는다. 기존 상인의 경험과 노하우, MZ 세대의 감각이 조화를 이룰 수 있도록 워크숍, 멘토링 프로그램, 상호 교류의 장을 마련하는 것도 중요하다.

'그럼에도' 시장을 넘어 '다시' 시장으로

MZ 세대는 전통시장을 단지 과거의 유산으로 보지 않는다. 그들에게 전통시장은 과거와 현재, 지역성과 개인성, 실용성과 감성이 교차하는 하이브리드한 공간이다. 전통시장이 이들과 함께 가기 위해 필요한 것은 완전한 탈바꿈이 아니다. 오히려 중요한 것은 고유한 정체성을 기반으로 한 자기 재해석의 용기이다.

이제 전통시장이 해야 할 일은 이들을 끌어들이는 것이 아니라, 함께 시장의 새로운 이야기를 써나가는 것이다. 변화는 외부로부터 강요되는 것이 아니라, 내부로부터의 공감과 실험에서 비롯될 때 비로소 지속 가능한 혁신이 된다. 그럴 때 전통시장은 '그럼에도' 살아남는 공간이 아니라, '그래서' 중심이 되는 공간으로 다시 태어날 수 있다.

10.
전통시장과 지역 공동체

전통시장은 오랜 세월 동안 단순한 물리적 거래의 장을 넘어, 지역 공동체의 심장부로 기능해 왔다. 시장은 골목과 골목을 잇는 삶의 통로였고, 서로의 안부를 물으며 신뢰를 나누던 소통의 공간이었다. 상인은 단순한 판매자가 아닌 이웃이었고, 고객은 단골이라는 이름 아래 삶의 일부가 되었다. 이처럼 전통시장은 '관계'라는 비가시적 자산 위에 세워진 공동체 인프라였다. 그러나 산업화와 도시화, 그리고 대형 유통망의 확장과 온라인 플랫폼의 일상화는 전통시장을 중심에서 밀어냈다. 고령화, 상권 쇠퇴, 청년 부재 등 복합적인 문제 속에서 전통시장은 기능을 잃어가며 점차 주변화되었다.

공동체 해체의 시대, 시장의 사회적 가치가 재조명되는 이유

그럼에도 오늘날, 공동체가 해체되고 있는 이 시대에 전통시장은 오히려 그 대안으로서 다시 주목받고 있다. 사회적 연결의 부재, 정체성의 상실, 관계의 단절은 현대인이 겪는 가장 깊은 결핍 중 하나다. 이 공백을 메울 수 있는 로컬 공간이 필요하며, 전통시장은 그 중심이 될 수 있다. 전통시장은 단지 경제 활동의 장이 아니라, 지역의 문화와 정체성, 사람 사이의 연결을 복원하는 사회적 플랫폼이다. 이로써 시장은 새로운 생존 전략이 아닌, 새로운 존재 이유를 다시 획득하게 된다.

전통시장의 사회적 가치란 무엇인가?

1. 삶의 질을 높이는 지역 인프라

전통시장은 단순히 물건을 사고파는 장소를 넘어, 일상 속 삶의 거점이 된다. 노년층에게는 외로움을 덜어주는 일상적 방문처, 아이들에게는 살아있는 학습의 장, 청년에게는 실험적 창업의 무대가 된다. 이는 단순한 거래를 넘어, 생활권 안에서의 심리적 안전망을 형성한다.

2. 일자리와 지역 경제의 버팀목

특히 고용 취약계층(노년, 여성, 청년)에게 전통시장은 중요한 생계 기반이다. 시장은 소상공인이 자립할 수 있는 최전선이며, 고용의 다양성과 지속성을 담보할 수 있는 지역 기반 경제 생태계의 핵심축이다.

3. 세대와 문화를 잇는 장소

시장은 지역의 역사와 생활문화가 켜켜이 쌓인 살아 있는 유산이다.

오래된 가게 간판, 손맛이 느껴지는 음식, 상인의 말투까지 모두가 지역의 기억을 품고 있다. 새로운 문화 감각이 이 기억과 충돌하지 않고 창조적으로 결합할 수 있다면, 전통시장은 지역문화의 미래를 여는 실험장이 될 수 있다.

공동체 기반 시장 모델이 필요한 이유

우리는 연결의 시대에 살고 있지만, 동시에 고립의 시대를 겪고 있다. 디지털 네트워크가 일상화되었지만, 정작 이웃의 얼굴을 모르는 도시가 늘고 있다. 이러한 시대적 배경 속에서 전통시장은 오프라인 기반의 관계와 신뢰, 지역 안에서의 상호 돌봄이라는 전통적 가치로 다시 주목받고 있다.

부산 깡통시장은 지역 아티스트와 상인의 협업으로 운영되는 마켓, 시장 내 전시, 거리공연, 예술 체험이 결합되며, 단순한 소비 공간을 넘어서 지역 예술생태계와 공동체 문화가 결합된 사례이다. 서울 청량리 청과물시장에서는 고령층이 주 고객인 점을 고려해, 시민단체와 협력하여 노인 친화형 시장을 조성, 접근성 개선, 쉼터 설치, 고령자 전용 안내 시스템 도입 등을 통해 시장의 사회적 포용성을 높였다. 전주 남부시장 청년몰의 경우, 청년 창업자가 단순한 상인이 아닌 지역문화의 기획자로 활동, 카페, 공방, 전시, 마을 미디어 등 다양한 활동이 시장을 지역 공동체 문화의 거점으로 변화시켰다.

이러한 사례들은 시장이 여전히 사람을 중심으로 재편될 수 있음을 보여주며, 사회적 가치와 경제적 지속 가능성이 결코 별개인 것이 아님을 입증한다.

지속 가능성을 위한 전략 제안

1. 공공성과 상업성의 균형

전통시장의 경쟁력을 높이는 데 있어 상업적 수익성도 중요하지만, 지역사회에 기여하는 공공성을 포기해서는 안 된다. 상인, 주민, 지자체, 외부 기획자가 참여하는 거버넌스 기반의 시장 운영 체계가 필요하다.

2. 사회적 경제 조직과의 협업

사회적 기업, 협동조합, 마을기업과의 연계를 통해 시장 내 공익적 가치를 실행할 수 있다. 예를 들어, 유휴 공간을 활용한 커뮤니티 카페, 소외계층 대상 장보기 도우미, 청년 인턴십 등은 시장의 사회적 기능을 확장한다.

3. 지속 가능한 에코시스템 구축

시장 변화를 일회성 행사나 예산 소진 사업으로 끝내지 않기 위해선, 자생력을 갖춘 구조 설계가 중요하다. 지역 농산물 직거래, 제로 웨이스트 실천, 지역통화 활용 등은 지역 안에서 순환하는 생태계를 가능하게 한다.

4. 주민과의 상시적 소통 구조 마련

정기적인 의견 수렴, 주민 참여형 프로그램 운영, 오픈 포럼 개최 등은 시장이 지역사회와 함께 움직이고 있음을 보여주는 신호다. 무엇보다 주민이 시장의 관람객이 아닌 공동 설계자로서 인식되어야 한다.

전통시장은 여전히, 그리고 앞으로도 '사람'의 공간이다

전통시장은 단지 과거의 흔적이 아니라, 재해석 가능한 공동체의 미래다. 변화의 핵심은 하드웨어가 아니라 사람이다. 전통시장은 기술보다 관계가, 확장보다 지속이, 효율보다 기억이 더 중요했던 시대의 공간이다. 하지만 그 가치는 지금에도 유효하다.

"시장이 살아야 지역이 산다"라는 말은 단순한 구호가 아니다. 그것은 지역 안에서 함께 살아가는 방식, 즉 공존과 상생의 윤리를 회복하자는 제안이다. 시장이 다시 중심이 되기 위해서는, 단순한 생존 전략을 넘어 사람과 사람이 만나는 새로운 삶의 방식으로 거듭나야 한다. 지금 전통시장은 단지 살아남기 위해서가 아니라, 더 나은 삶을 위해 변화를 모색하고 있다. 그리고 그 변화는 지역 공동체와 손잡을 때 가장 지속 가능하다.

11. 데이터로 보는 전통시장

전통시장에 대해 이야기할 때 우리는 종종 '감성의 공간', '공동체의 중심'이라는 단어를 떠올린다. 익숙하고 따뜻한 풍경, 사람 냄새 나는 장면들이 그려지는 것은 자연스러운 일이다. 그러나 오늘날 전통시장을 진정으로 살리기 위해 필요한 것은 감성에 머무는 것이 아닌, 데이터에 기반한 냉정한 현실 진단이다. 시장 생태계를 정확히 이해하고, 소비자와 시장 간의 관계가 어떻게 변해왔는지를 수치로 분석해야 한다. 지금, 우리는 숫자가 말하는 전통시장의 현재에 귀 기울일 때다.

전통시장의 구조적 현실: 줄어드는 시장, 높아지는 평균 연령

2023년 기준, 전국 전통시장 수는 1,370곳, 점포 수는 약 19만 8천 개에 달한다. 하지만 그 내면을 들여다보면 우려스러운 변화가 진행되고 있다. 상인의 평균 연령은 60.2세, 60세 이상 고령 상인의 비중은

57.6%에 이르며, 39세 이하 청년 상인은 4.2%에 불과하다. 특히 이 청년층 비중은 최근 5년간 지속적으로 감소해, 시장의 세대교체 가능성에 심각한 경고음을 울리고 있다.

출처: 중소벤처기업부·소상공인시장진흥공단, 「2023 전통시장 실태조사」

이러한 수치는 단순한 노화 현상이 아니라, 전통시장이 청년층의 유입과 참여에 실패하고 있으며, 구조적으로 재생산과 혁신이 어려운 상태임을 보여준다.

소비 패턴의 변화: 누구의, 어떤 소비인가

소비자의 쇼핑 행태 역시 근본적인 전환기를 맞고 있다. KT 빅데이터 센터의 2022년 유동 인구 분석에 따르면, 전통시장 방문객 중 53%가 50대 이상, 20~30대는 19.3%에 그친다. 평균 체류 시간은 32분으로 대형 마트(64분)의 절반 수준이며, 방문 시간대는 주말이 평일 대비 2.2배 높다. 이 데이터는 전통시장이 여전히 일상적 생필품 구매처로 기능하되, 짧은 시간, 빠른 소비가 주를 이룬다는 점을 보여준다.

더 나아가 연령대별 소비 목적은 확연히 다르다. 중장년층은 실용 중심의 계획형 소비(채소, 생선, 반찬류 등 생필품 중심)를, 젊은 층은 경험 중심의 감성 소비(특색 있는 먹거리, 사진 찍기 좋은 공간 등)를 선호한다. 이처럼 전통시장은 이질적 소비 목적이 공존하는 공간이 되었으며, 소비자층에 따른 '이중 전략'이 요구된다.

전통시장의 디지털 약점: 검색되지 않는 공간

디지털 환경 속에서의 전통시장은 어떨까? 현대카드·SKT·통계청의 자료에 따르면, 최근 5년 사이 온라인 쇼핑 이용자 수는 1.8배 증가, 특히 식품 분야 온라인 구매율은 34.7%로 크게 늘었다. 반면, 전통시장 관련 온라인 콘텐츠 검색량은 전체 상권 검색의 5% 미만, 리뷰 수는 대형 프랜차이즈 카페의 1/10 수준에 불과하다. 이는 단순히 온라인화가 더디다는 문제가 아니다. 전통시장이 콘텐츠로서 디지털 세계에 존재하지 않는다는 점을 드러낸다. SNS, 지도, 리뷰 등 소비자의 디지털 여정(Customer Journey)에서 전통시장은 여전히 낯선 공간으로 남아 있다.

전략 포인트: 데이터가 제안하는 네 가지 방향

데이터는 감정을 무시하는 것이 아니라, 감정을 설계할 수 있는 근거가 된다. 다음은 수치로부터 도출된 전통시장 혁신의 전략 포인트다.

1. 시장별 맞춤형 전략 수립
지역 유동 인구, 연령대, 체류 시간, 주요 구매 품목 등의 데이터를 바탕으로, 시장별로 특화 전략을 설계해야 한다. 예를 들어 20~30대 유입이 많은 시장은 체험 콘텐츠와 SNS 마케팅을 강화해야 하고, 고령층 중심 시장은 편의성 중심의 리모델링과 고령 친화 서비스를 확대해야 한다.

2. 디지털 정보 접근성 강화

전통시장은 '검색되지 않으면 존재하지 않는' 디지털 시대에 진입하고 있다. 이에 대응하기 위해서는 상품 정보, 리뷰, 지도 노출을 강화하고, 스마트 주문, 모바일 결제 시스템을 확대해야 한다. 또한 시장별 SNS 운영 및 유튜브 콘텐츠를 제작하여 송출하여야 한다. 이는 실제로 스마트 전통시장 시범 사업 결과, 모바일 주문 도입 시 구매 전환율 18% 상승이라는 수치가 나타나, 디지털 전환의 실효성이 증명되었다.

3. 운영 시간대 기반 전략 강화

시장 운영 전략 역시 시간대별 유동 인구 분석을 반영해야 한다. 예를 들어 아침형 시장은 브런치 마켓, 노인 대상 할인 이벤트를 진행하고, 야간형 상권은 야시장, 심야 배달 연계 등 유연한 시간 운영 모델이 필요하다.

4. 데이터 기반 소비자 피드백 체계 구축

소비자 만족도 조사, 반복 방문율 분석, NPS(Net Promoter Score) 등을 통한 피드백 기반 경영이 필요하다. 단발성 이벤트보다 지속 가능한 운영을 위한 데이터 축적 및 관리 체계 구축이 핵심이다.

데이터는 감정을 설계하고 감정은 시장을 살린다

우리가 지켜야 할 전통시장의 진정한 가치는 사람에 있다. 하지만 이 사람이 언제, 어디서, 왜, 무엇을 위해 시장을 찾는지는 감성적 기억만으로는 파악할 수 없다. 데이터를 통해 우리는 시장에 흐르는 보이지 않는 흐름을 읽고, 변화의 단서를 잡을 수 있다.

데이터는 감정을 없애는 도구가 아니다. 오히려 감정을 다시 설계할 수 있는 도구다. 수치가 제시하는 방향을 따라가되, 그 끝에 있는 건 여전히 시장이라는 사람의 공간이다. 감성과 전략, 숫자와 기억이 함께 작동할 때, 전통시장은 다시 사람을 품는 공간으로 거듭날 수 있다.

2부

성공 사례 분석, 변화를 이끈 전통시장들

1.
변화는 가능하다: 전통시장의 반전 서사들

전통시장에 대한 사회적 인식은 오랫동안 쇠락과 침체라는 부정적 언어에 갇혀 있었다. 편리한 유통 시스템과 대형 마트, 온라인 쇼핑의 확산은 전통시장의 입지를 좁히며 그 미래를 어둡게 만들었다. 이러한 흐름 속에서 전통시장의 변화 가능성은 회의적으로 여겨졌고, 정책적 지원 역시 일시적 개선에 그치는 경우가 많았다. 그러나 현실은 단순하지 않다. 전국 곳곳에서 전통시장이 자신만의 방식으로 변화를 이끌어내며 새로운 생존 방식을 모색하고 있다. 변화는 가능하다는 반전의 서사는 더 이상 예외가 아닌, 분석의 대상으로 떠오르고 있다.

성공한 전통시장 사례를 바라보는 데 있어 중요한 것은 단편적 변화에 주목하기보다, 그 변화의 구조와 맥락을 해석하는 관점의 전환이다. 단순히 예쁜 간판을 만들고, 먹거리를 강화하거나, SNS 홍보를 잘했다는 식의 접근은 표면적인 요소일 뿐이다. 진정한 성공은 시장이 지역사회와 어떤 관계를 다시 맺었는지, 상인들이 어떻게 집단적으로 학습하고 협력했는지, 행정과 어떤 방식으로 거버넌스를 구축했는지를 살피는 데서 드러난다.

예컨대, 통영 중앙시장의 사례는 단지 관광객이 많이 찾는 시장이기 때문에 주목받는 것이 아니다. 이 시장은 침체기를 지나 상인들이 주체적으로 상인회를 재편하고, 문화예술 활동과 연계한 지역 축제를 기획하며, 시장 안팎의 공간을 재구성해 나갔다. 이는 곧 시장이 지역의 문화자산과 경제 생태계의 일부로 다시 연결되는 과정이었다. 마산 어시장 또한 노포의 전통에만 기대지 않고, 수산물 유통과 가공, 체험 콘텐츠를 결합하며 2차 소비로 확장하는 구조적 전환을 시도했다. 전통시장의 성공은 단순히 과거를 지킨 시장이 아닌, '새로운 질서를 만들어 낸 시장'이라는 점에서 의미를 갖는다.

이러한 성공 사례는 몇 가지 공통된 특징을 보여준다.
첫째, 내부 변화 동력이 존재한다. 이는 소수의 리더 상인을 중심으로 한 학습과 연대, 상인조직의 재구성, 주체적 기획력 등의 요소로 구성된다.

둘째, 외부 자원과의 창의적 연계가 일어난다. 지자체의 정책자금이나 도시재생 사업이 단순한 하달 방식이 아니라, 시장의 방향성과 맞닿는 방식으로 유입되어야 한다.

셋째, 시장-지역 간 관계 회복이 중요하다. 주민과의 신뢰 회복, 일상 속의 시장으로의 복귀, 지역 청년 및 외부 기획자와의 협업 등이 대표적이다.

성공한 전통시장의 반전 서사는 이처럼 단순한 좋은 아이디어의 결과가 아니다. 그것은 구조적 맥락 속에서 주체들이 끈기 있게 쌓아 올린 변화의 결과물이며, 따라서 사례 분석 역시 사람과 관계, 시간의 관점에서 이루어져야 한다. 성공을 복제할 수는 없지만, 성공이 어떻게 만들어졌는지를 정밀하게 읽어낸다면, 각 지역 전통시장들이 자신만의 해석과 방향을 찾는 데 충분한 실마리를 제공할 수 있다.

결국 변화는 가능하다. 다만, 변화는 외부의 누군가가 시장에 선물처럼 주는 것이 아니라, 시장 안에서 용기 있게 질문을 던지고, 함께 실천하는 과정 속에서 만들어지는 것이다. 반전의 서사란 그렇게, 천천히, 그러나 분명하게 쓰여지고 있다.

● **전통시장 성공 사례**

시장명	주요 변화 전략	핵심 특징	변화 주체
통영 중앙시장	문화·관광 자원과 연계한 공간 재구성	수산물 가공 및 체험, 젊은층 유입 전략	상인회, 지역 문화기획자
마산 어시장	전통 수산 유통 구조의 현대화와 체험 콘텐츠 결합	수산물 가공 및 체험, 젊은층 유입 전략	상인 조직, 외부 컨설팅 그룹
서울 망원시장	SNS 활용, 청년 상인 유입	온라인 홍보 강화, 지역 청년 창업과의 연결	청년 상인, 구청, 시민단체
정선 아리랑시장	지역 특산물과 연계한 로컬 브랜드 강화	5일장 전통 유지, 특산물 체험 콘텐츠 구성	농민 조합, 지역 문화단체
대전 중앙시장	도시재생사업과 연계한 공간 및 상인 조직 혁신	공동배송 시스템, 다문화 콘텐츠 도입	대전시, 상인회, 민간 기획자

2.
유럽의 마켓컬처: '공간'에서 '경험'으로의 전환

전통시장의 위기는 단지 판매 공간의 노후화에 그치지 않는다. 본질적으로는 소비자들의 소비 행태, 일상 리듬, 여가 방식이 바뀌었기 때문이다. 단순한 거래의 장소였던 시장은 더 이상 사람들의 일상에서 필수적인 장소가 아니며, 이는 전 세계 공통의 현상이다. 그러나 몇몇 유럽의 전통시장들은 이 위기를 경험의 재해석을 통해 기회로 바꾸어 냈다. 이들이 보여주는 변화는, 시장이 단순한 구매 공간이 아닌 머무는 공간, 즐기는 공간, 지역성을 경험하는 장소로 진화할 수 있음을 시사한다.

브릭스턴 마켓(Brixton Market):
다양성의 공간에서 라이프 스타일 플랫폼으로

영국 런던 남부에 위치한 브릭스턴 마켓은 과거 다문화 커뮤니티의 생활형 시장이었다. 이 시장은 오랫동안 카리브해 출신 이주민들과 다양한 소수인종의 문화가 혼재하는 공간으로 존재해 왔다. 하지만 지역 쇠퇴와 대형 마트의 확산으로 점차 활력을 잃었고, 범죄와 낙후 이미지까지 덧씌워지며 존재 자체가 위협받기도 했다.

이 시장의 전환점은 공간을 보존하면서 기능을 확장한 전략에서 찾을 수 있다. 오래된 점포 구조는 유지한 채, 젊은 예술가와 셰프, 창작자들에게 공간을 개방하며 라이프 스타일 마켓으로 변모했다. 다양한 국적의 퓨전 음식점, 독립 서점, 소규모 갤러리 등이 입점하며 시장은 다시 도시의 문화 중심지로 떠올랐다. 이곳을 찾는 사람들은 단순히 장을 보러 오는 것이 아니라, 문화를 체험하고, 음식을 즐기며, 도시의 다양성을 느끼기 위해 머문다. 브릭스턴은 '삶의 공간'으로서 시장의 가능성을 보여주는 대표 사례다.

산 미구엘 시장(Mercado de San Miguel):
관광과 지역성이 만나는 미식의 플랫폼

스페인 마드리드 중심부에 위치한 산 미구엘 시장은 1916년에 문을 연 역사 깊은 재래시장이었다. 한때 쇠퇴기를 겪었지만, 도시재생과 관광 수요의 상승에 맞춰 시장은 고급화 전략을 택했다. 지역 특산물 중심의 푸드 마켓으로 재구성된 이곳은 스페인 각 지역의 대표 요리를 한자리에서 맛볼 수 있는 도시 미식 플랫폼으로 재탄생했다. 전통적인 철골 유리 건축물의 외형을 그대로 유지하면서도 내부는 현대적인 조명, 깔끔한 좌식 공간, 글로벌 관광객을 위한 다국어 서비스 등으로 정비되었다.

산 미구엘 시장의 성공 포인트는 관광지로서의 상업성과 지역 전통의 현대화 사이의 균형이다. 단순히 전통을 보존하는 것이 아니라, 그것을 오늘날의 라이프 스타일과 접속시키는 방식으로 시장의 정체성을 새롭게 구성했다. 무엇보다, 스페인 사람들의 식문화를 직접 체험할 수 있다는 점에서 이 시장은 경험 소비의 대표적인 사례로 꼽힌다.

경험의 장소로서 전통시장의 재해석

이러한 유럽의 사례들은 전통시장이 무엇을 파는가보다 어떻게 소비자와 만나는가가 더 중요하다는 인식 전환을 보여준다. 소비자는 단지 식재료를 사기 위해 시장을 찾지 않는다. 그들은 장소의 분위기, 문화적 요소, 사람과의 상호작용, 그리고 그 안에서의 체험을 구매하고자 한다. 이는 공간 중심의 시장에서 경험 중심의 시장으로의 본질적 전환을 의미한다.

또한 브릭스턴 시장이나 산 미구엘 시장이 공통적으로 보여주는 전략은 지역성과 현대성의 공존이다. 과거의 흔적을 지우지 않되, 그것을 오늘의 감각으로 번역하는 작업. 이는 단지 건축의 문제가 아니라, 콘텐츠 기획과 커뮤니티 참여, 소비자 이해를 포함하는 총체적인 기획이 요구되는 영역이다.

　전통시장의 미래는 과거의 재현이 아니라, 지금 이곳의 삶을 담아내는 새로운 방식에 달려 있다. 유럽의 마켓컬처는 그 가능성을 공간의 재설계와 경험의 혁신을 통해 증명하고 있다. 이제, 우리의 전통시장도 같은 질문을 던져야 할 때다. "이곳에서 사람들은 어떤 경험을 할 수 있는가?"

3.
일본의
골목상권 르네상스:
공동체 중심 재생 전략

전통시장을 중심으로 한 일본의 골목상권 르네상스는 단순한 상권 회복을 넘어선, 공동체와 일상 문화의 회복을 지향하는 도시재생 모델로 주목받고 있다. 고도화된 유통 인프라와 온라인 상거래 환경에서도 일본 각지의 소규모 상권들은 특유의 집단적 지혜와 정체성 기반의 전략을 통해 살아남고 있으며, 그 중심에는 공동체와 콘텐츠라는 키워드가 있다. 고치현의 히로메시장과 도쿄 나카노의 브로드웨이는 이러한 전환을 가장 역동적으로 보여주는 사례다.

히로메시장: 협동조합과 '함께 머무는 공간' 전략

일본 시코쿠 지역의 소도시 고치현. 이곳에 위치한 히로메시장은 인구 감소와 경제 쇠퇴 속에서도 지역민과 관광객 모두에게 사랑받는 명소로 자리 잡고 있다. 그 성공의 핵심은 '협동조합'이라는 운영 방식과

'함께 먹고 마시는 공간'이라는 독특한 시장 구성에 있다.

히로메시장은 60여 개의 점포가 모여 하나의 거대한 식음 공간을 이루는 형태로 운영된다. 시장 중심에는 테이블이 가득한 공유 좌석 공간이 배치되어 있고, 각 점포에서 구입한 음식을 자유롭게 가져와 함께 즐길 수 있다. 이 구조는 사람들 사이의 자연스러운 교류를 유도하고, 시장 자체를 체류형 공간으로 만든다. 운영 주체는 상인들로 구성된 협동조합으로, 입점 기준부터 공동 홍보, 시설 유지, 문화 행사 기획까지 자율적으로 결정하고 실행한다.

히로메시장의 전략은 단순히 먹거리의 질이나 가격 경쟁이 아니라, 장소성과 공동체 경험을 앞세운 방식이다. 이곳은 현지인에겐 일상의 연장선이고, 외지인에겐 지역문화를 접하는 체험의 장이다. 특히 지역 맥주, 전통 요리, 라이브 공연 등과의 결합은 시장의 정체성을 강화하는 핵심 요소다.

나카노 브로드웨이: 레트로와 서브컬처의 융합 플랫폼

도쿄 시내 중심에서 약간 벗어난 나카노. 이곳의 브로드웨이는 한때 노후화된 복합 상가였으나, 현재는 일본 서브컬처의 성지로 불릴 만큼 독자적인 문화 상권으로 부활했다. 중심에는 만다라케(Mandarake)로 대표되는 중고 피규어, 만화, 애니메이션 상점들이 있다. 이와 함께 빈

티지 시계, 카메라, 수집품 가게, 전통 과자점, 오타쿠 카페 등이 혼재하며 독특한 상업 생태계를 구성하고 있다.

나카노 브로드웨이의 성공은 기존의 낡은 공간을 그대로 유지하면서, 새로운 콘텐츠를 유기적으로 끌어들인 전략에 있다. 특히 인근의 젊은 기획자, 컬렉터, 예술가들이 상가의 개성을 인정하고 그 안에 자신만의 콘텐츠를 담는 방식으로 입점했다. 이로 인해 브로드웨이는 과거와 현재, 일상과 취향이 공존하는 복합적 공간이 되었고, 그 특이성과 다양성이 도시 전체로 확산되는 효과를 낳았다.

이곳 역시 점포 간의 수평적 관계, 공유 공간 운영, 공동 브랜딩 등의 조직화된 자율성이 특징이다. 단순히 임대업 중심의 수직 구조가 아닌, 각 점포가 스스로 콘텐츠 기획자이자 공동 운영자가 되어 움직이고 있다는 점에서 전통시장의 미래형 모델로 평가된다.

콘텐츠와 공동체: 일본식 시장 재생의 두 축

히로메시장과 나카노 브로드웨이는 외형이나 대상 고객층은 다르지만, 몇 가지 공통된 성공 요인을 갖고 있다.

첫째, 협동조합 기반의 자율적 운영이다. 시장 운영이 행정 주도가 아닌 상인 주체로 이루어지며, 내부 합의와 집단적 전략 수립이 가능하다. 이는 지속성과 유연성을 동시에 담보한다.

둘째, 콘텐츠 결합을 통한 '머무는 시장' 구현이다. 단순히 물건을 사고 떠나는 공간이 아니라, 머무르고 체험하는 시장을 지향한다. 음식, 문화, 취향, 공연 등 복합 콘텐츠가 시장의 브랜드가 된다.

셋째, 지역 정체성의 현대적 해석이다. 지역 고유의 먹거리, 문화, 공동체성이 현대인의 라이프 스타일에 맞게 재해석되며, 이는 지역성과 현대성의 공존을 가능하게 만든다.

일본의 골목상권 르네상스는 결국 시장이 아니라 사람을 중심에 두는 전략에서 출발한다. 점포 수나 매출보다 중요한 것은, 시장이 그 지역 사람들의 삶과 어떻게 다시 연결되고, 외부 사람들에게는 어떤 새로운 경험을 제공하느냐다. 이 질문에 대한 해법은 히로메시장과 나카노 브로드웨이가 이미 제시하고 있다. 그 해법은 화려한 디자인이 아니라, 오랜 시간 쌓아온 신뢰와 콘텐츠에 대한 감각, 그리고 자율적 운영에 대한 철학에 있다.

4.
동남아의
하이브리드 전통시장:
관광과 지역 경제를 잇다

급속한 도시화와 관광 산업의 성장 속에서도 동남아시아의 전통시장은 여전히 생명력을 유지하고 있다. 특히 태국과 베트남의 대표적 시장들은 전통적 유통 공간을 넘어, 관광과 지역 경제를 연결하는 하이브리드 플랫폼으로 진화하고 있다. 이들 시장은 현지성(Locality)을 핵심 자원으로 삼되, 이를 글로벌 감성(Global Aesthetic)으로 감각적으로 재구성해, 외지인과 지역민 모두에게 매력적인 공간으로 자리 잡았다. 그 대표적 사례가 태국의 짜뚜짝 시장(Chatuchak Weekend Market)과 베트남 벤탄 시장(Ben Thanh Market)이다.

짜뚜짝 시장(Chatuchak Weekend Market):
거대한 미로 속 글로벌 유랑

방콕 북부에 위치한 짜뚜짝 시장은 세계 최대 규모의 주말 시장으로, 무려 1만여 개에 달하는 상점이 밀집해 있다. 원래는 태국 현지 상인들의 생활형 재래시장이었지만, 점차 세계 각국의 관광객을 끌어들이는 복합 상업·문화 공간으로 전환되었다. 이 시장의 특징은 혼란과 다양성의 미학이다. 구조는 비효율적으로 보일 만큼 복잡하지만, 바로 그 점이 탐험하듯 둘러보는 재미를 제공한다.

이곳에서는 태국 전통 수공예품, 디자이너 의류, 식물, 골동품, 애완동물, 길거리 음식까지 상상 가능한 거의 모든 것이 판매된다. 현지인의 실용적 소비뿐 아니라, 외국인의 발견형 쇼핑 경험을 충족시키는 구조다. 더불어 다양한 언어의 안내 표지, 외국인 대상의 환전 서비스, QR 결제 시스템 도입 등은 시장의 글로벌화를 뒷받침하고 있다.

짜뚜짝 시장의 전략은 규모의 확장만이 아니라, 태국 고유의 문화 콘텐츠를 어떻게 글로벌한 감성으로 재포장할 수 있는지를 보여준다. 전통을 기반으로 하되, 그것을 외국인 소비자에게 통하는 시각적·공간적 감각으로 전환한 셈이다.

벤탄 시장(Ben Thanh Market): 베트남 도시 상징의 진화

호찌민시의 중심에 위치한 벤탄 시장은 100년이 넘는 역사를 자랑하는 베트남의 대표 시장이다. 과거에는 지역민의 일상 소비 공간이었지만, 현재는 베트남을 방문하는 관광객이라면 반드시 들러야 하는 랜드마크로 기능하고 있다. 벤탄 시장은 외형적으로는 전통적 시장 구조를 그대로 유지하면서도, 내부 콘텐츠와 서비스는 철저히 관광 중심으로 재구성되었다.

시장 내부는 전통 의복인 아오자이, 핸드메이드 자수 제품, 수공예 가방 등 베트남스러움을 담은 기념품 중심으로 구성되어 있다. 외국인 관광객을 위한 다국어 가격표, 흥정 문화의 표준화, 소셜 미디어에서 인기 있는 먹거리 메뉴 등이 현지성과 글로벌 소비 패턴을 자연스럽게 잇는다. 동시에, 외곽에는 지역 주민을 위한 식자재, 식사 공간도 공존하며, 지역 경제의 일환으로 기능하고 있다.

벤탄 시장의 성공은 관광지화와 지역성 유지라는 두 축 사이에서의 절묘한 균형에 있다. 시장은 단지 물건을 파는 공간이 아니라, 베트남의 역사·문화·정서를 함축한 상징적 무대로서 작동하고 있는 것이다.

하이브리드 시장 전략의 본질: 감각과 관계의 재구성

짜뚜짝과 벤탄 시장의 사례는 현지 전통과 글로벌 감각이 충돌하는 것이 아니라, 상호 보완적으로 융합될 수 있음을 보여준다. 그 핵심은 다음 세 가지로 요약된다.

첫째, 경험의 다층화이다. 시장을 단순한 구매 공간이 아닌 머무르고, 맛보고, 사진 찍고, 공유하는 종합적 체험 공간으로 전환했다.

둘째, 문화의 재해석이다. 전통 수공예, 지역 먹거리 등 로컬 콘텐츠를 글로벌 취향에 맞게 큐레이션하고, 브랜드화했다.

셋째, 공존의 공간 구조이다. 관광객과 지역민이 각자의 방식으로 시장을 사용하는 '복합적 동선 설계'를 했고, 이는 상업적 성공뿐 아니라 공동체 지속성의 기반이 되었다.

동남아의 하이브리드 시장들은 전통과 현대, 로컬과 글로벌의 이분법을 넘어서고 있다. 이들은 시장이 어떻게 지역의 문화를 지키면서도 외부 세계와 연결될 수 있는지를 보여주는 살아 있는 실험장이다. 그리고 이 실험은, 전통시장이라는 공간이 여전히 진화할 수 있으며, 그 진화가 공동체의 삶을 풍요롭게 만들 수 있음을 증명하고 있다.

5. 국내 시장의 재도전

《전통시장은 없다》가 출간된 이후로도 국내 전통시장들은 여러 전환의 기로에 놓여 있었다. 전통시장을 살리기 위한 다양한 정책이 실행되었고, 일부 시장은 외형상 부흥을 이룬 듯 보였다. 하지만 그 과정에서 부각된 문제 또한 적지 않았다. 보여주기식 관광지화, 실질적 변화 없는 시설 개선, 반복되는 화재와 안전관리 문제는 '전통시장 부활'이라는 명제의 허상을 드러냈다. 그러나 동시에, 몇몇 시장은 그 안에서도 자기 방식의 진화를 시도하고 있었다. 이 장에서는 두 개의 상징적 시장인 통영 중앙시장과 대구 서문시장의 사례를 통해, 국내 전통시장의 재도전 과정을 살펴본다.

통영 중앙시장: 관광형 시장의 현실과 진화

경남 통영의 중앙시장은 오래전부터 관광형 시장의 대표 격으로 주목받아 왔다. 충무김밥, 해산물, 젓갈류 등을 중심으로 한, 지역 먹거리에 바다와 맞닿은 입지, 인근 동피랑 벽화마을과 연계된 관광 동선이 어우러지며, 일찍부터 유동 인구 유입에 성공한 곳이다.

하지만 외형의 성공에도 불구하고, 이 시장은 몇 가지 구조적 한계를 드러냈다. 관광객 의존도가 지나치게 높아졌고, 그로 인해 상권은 계절성·주말성에 갇혔다. 현지 주민이 이용할 수 있는 시장 본연의 기능은 점차 축소되었으며, 지역민과 관광객의 수요가 충돌하면서 정체성의 혼선이라는 문제도 떠올랐다. 충무김밥 한 줄이 6천 원을 넘어서는 순간, 시장은 더 이상 지역 경제와 삶의 중심이 아닌 소비의 테마파크로 변해갔다는 비판도 뒤따랐다.

이에 통영 중앙시장은 최근 몇 가지 방향 전환을 시도하고 있다. 젊은 상인 유입과 콘텐츠 다양화를 꾀하는 청년몰 2.0 사업, 지역 로컬푸드 중심의 푸드 마켓 기획, 예술·공예 소상공인을 위한 팝업 공간 조성 등이다. 이 같은 변화는 단지 관광객을 끌어들이는 데서 벗어나, 다시 지역민과 공존하는 시장으로 돌아가려는 시도로 해석할 수 있다. 관광형 시장이 안고 있는 불안정성과 피로감을 극복하기 위한 자기진단의 결과다.

대구 서문시장: 재난 이후의 회복과 재구성

대구 서문시장은 한국 전통시장의 상징적 공간이자, 몇 차례의 큰 화재를 겪으며 재난과 회복이라는 키워드로 기억되는 시장이다. 특히 2016년 대형 화재는 수백 개의 점포를 순식간에 잿더미로 만들었고, 이후 상인들의 생계와 지역 경제는 심각한 타격을 입었다. 그러나 이 사건은 오히려 서문시장을 구조적으로 재구성하는 전환점이 되기도 했다.

첫 번째 변화는 물리적 재정비였다. 현대화된 아케이드, 방재 설비, 공공주차장, CCTV와 재난 알림 시스템 등이 도입되었고, 안전에 대한 신뢰가 회복되면서 방문객도 점차 늘었다. 그러나 더 중요한 변화는 운영 방식과 콘텐츠 구성의 다변화였다. 전통적인 원단·직물 중심의 1세대 상권에 더해, 야시장과 청년 상인 존, 소상공인 창업지원 공간 등이 마련되며 시장은 복합적인 형태로 재탄생했다.

특히 서문 야시장은 단순한 먹거리 공간을 넘어, 야외 공연, 플리마켓, 지역문화 체험 등과 결합되면서 시장에서 노는 문화라는 새로운 흐름을 만들어 냈다. 이는 과거 장 보는 시장이 아닌, 머무는 시장으로서의 패러다임 전환을 상징한다.

물론 여전히 해결되지 않은 과제도 존재한다. 노포 상인과 신규 창업자 간의 갈등, 공공기관 주도의 일방적 개발 방식, 콘텐츠 고착화 문제 등이 그것이다. 그러나 서문시장이 재난 이후의 회복을 단순 복구가 아닌 미래형 재구성의 기회로 삼았다는 점은 주목할 만하다.

국내 시장, 다음 도약을 위한 조건

통영 중앙시장과 대구 서문시장의 사례는 국내 전통시장이 단순한 생존을 넘어 지속 가능한 진화의 단계로 나아가기 위한 조건을 다시 묻고 있다.

첫째, 기능적 이원화의 극복이 필요하다. 관광객과 지역민 모두를 위한 시장은 가능하지만, 그것이 이분법적으로 분리된 구조여서는 안 된다.

둘째, 상인의 역량 강화와 조직적 자율성이 중요하다. 공공 지원은 필요조건일 뿐이며, 지속성은 결국 내부 동력에서 나온다.

셋째, 시장 콘텐츠의 주기적 갱신과 공간 운영의 유연성이 요구된다. 변화에 민감한 소비자 감각을 따라가려면, 시장 역시 플랫폼처럼 운영되어야 한다.

전통시장은 이제 더 이상 과거를 반복하는 공간이 아니라, 미래를 실험하는 거대한 로컬 인프라가 되어야 한다. 그 실험이 실패와 우회로를 동반하더라도, 중요한 것은 시장이 여전히 변화 중이라는 사실이다.

6.
새로운 바람: 성공의 요건은 무엇인가

전통시장의 미래는 더 이상 과거의 연장선에 있지 않다. 일정한 패턴과 틀에 맞춘 시설 현대화나 단기적 이벤트 중심의 활성화 사업은 한계를 드러냈고, 이제는 각 시장이 고유한 정체성과 운영 방식을 스스로 구축해 가는 자생력이 핵심 키워드로 부상하고 있다. 서울 경동시장과 속초 중앙시장은 이러한 변화의 흐름 속에서 눈에 띄는 성과를 보여주는 사례들이다. 이들은 지역성과 창의성을 기반으로, 전통시장이라는 틀을 다시 쓰고 있다.

서울 경동시장: 청년과 지역이 함께 만든 작은 혁신

서울 동대문구의 경동시장은 과거 쇠락한 주거지 인근의 소형 시장으로, 한때는 유동 인구 감소와 고령화로 존폐 위기에 놓였던 공간이었다. 하지만 이 시장은 청년 상인의 진입 → 콘텐츠 실험 → 지역 연결이라는 단계를 거쳐 재도약에 성공한 사례로 꼽힌다.

2015년부터 본격화된 경동시장의 변화는 청년몰 조성을 넘어, 상인 간 협업 네트워크와 상점 운영 철학에 집중된 것이 특징이다. 예를 들어, 피맛골식 냉삼집이나 떡볶이 편집숍처럼 전통 먹거리의 감성을 유지하되, 브랜드화와 소셜 미디어 감각을 가미한 가게들이 주목을 받았다. 이들은 시장에 기대감과 회자될 만한 이유를 부여했다.

특히 중요한 것은 지역 커뮤니티와의 연결이었다. 신설동 인근의 오래된 주거지와 청년 임대주택, 예술인 거주지 등을 묶어내는 마을형 로컬 플랫폼으로서 시장을 재구성한 것이다. 주기적인 시장 행사, 문화 프로그램, 동네서점 연계 이벤트 등은 시장을 단순한 상업 공간이 아니라 지역 공공성과 일상의 거점으로 되살리는 데 기여했다.

경동시장이 보여준 성공의 핵심은 자생적 로컬 브랜드화와 운영 실험의 허용이다. 행정의 개입은 최소화되고, 상인 주도의 운영이 가능하도록 열린 구조를 마련한 것이 성패를 갈랐다.

속초 중앙시장: 로컬 관광과 브랜드 감성의 결합

강원도 속초 중앙시장은 관광지와 전통시장이 융합된 대표적 사례로, 갯배 타고 가는 시장이라는 상징성으로도 잘 알려져 있다. 하지만 이 시장이 단순한 관광지 기능을 넘어 주목받는 이유는 지역 로컬 브랜드화의 성공에 있다.

속초 중앙시장은 기존의 수산물, 젓갈, 튀김 중심의 시장 이미지에 더해, 최근 몇 년간 다양한 로컬 창업 브랜드들이 유입되며 시장의 구성을 바꾸고 있다. 예를 들어, 강원 지역 농산물을 재해석한 베이커리, 해산물을 활용한 스트리트 푸드형 퓨전 요리, 속초의 이야기를 담은 기념품 숍 등은 단순한 소비가 아닌 로컬 경험의 소비를 만들어 낸다.

이 시장은 특히 디지털 감각을 빠르게 흡수한 점에서도 돋보인다. 각 점포마다 QR 결제 시스템, 리뷰 기반 마케팅, 온라인 예약 기능 등을 도입해 전통시장에서도 스마트 소비가 가능하다는 이미지를 구축했다. 이는 젊은 관광객의 유입을 자연스럽게 이끌었으며, 계절에 따른 유동성도 완충하는 효과를 가져왔다.

속초 중앙시장의 사례는 지역성을 단지 배경으로 두지 않고, 그것을 콘텐츠로 전환하는 전략이 어떤 결과를 만들어 낼 수 있는지를 보여준다. 전통시장도 브랜딩되고, 경험으로 소비될 수 있으며, 하나의 '로컬 미디어'처럼 기능할 수 있다는 가능성을 실현한 것이다.

성공하는 전통시장의 조건

서울 경동시장과 속초 중앙시장은 출발점도, 맥락도 다르지만, 다음과 같은 몇 가지 공통된 성공 요건을 갖고 있다.

첫째, 로컬 브랜딩: 시장 전체를 하나의 브랜드처럼 구성하고, 각 점포가 콘텐츠 단위로 작동할 수 있도록 설계

둘째, 자생력 중심 운영: 상인 주도 또는 커뮤니티 기반의 운영 구조를 통해 지속 가능한 실험과 조정을 가능하게 함

셋째, 공간의 감각화: 단순히 파는 곳이 아니라, 머물고 찍고 나누는 경험의 공간으로 시장을 재구성

넷째, 복합 네트워크의 활성화: 지역 예술가, 청년 창업자, 콘텐츠 크리에이터 등 다양한 주체와의 협업 기반 조성

이제 전통시장의 성공은 단순히 매출의 문제를 넘어서, 그 공간이 지역사회와 어떤 관계를 맺고 있는지, 소비자에게 어떤 감각을 제공하는지의 문제로 이동하고 있다. 팔리는 시장을 넘어, 기억되고 공유되는 시장이 되는 것이야말로, 지금 이 시대 전통시장의 가장 강력한 경쟁력이다.

7.
시장에 이야기를 입히다: 스토리텔링 마케팅의 힘

전통시장이 다시 사람을 끌어들이기 위해서는, 단순한 살 거리 이상의 이유가 필요하다. 싸고 푸짐한 물건만으로는 더 이상 소비자의 마음을 붙잡을 수 없기 때문이다. 그 자리에 들어선 것이 바로 이야기다. 이야기는 시장의 정체성을 만들고, 방문의 동기를 제공하며, 재방문을 유도하는 기억의 장치를 만든다. 스토리텔링은 이제 전통시장의 생존 전략이자, 가장 감성적인 마케팅 방식으로 자리 잡고 있다.

군산 공설시장: 근대문화와 시간여행의 테마화

군산은 일제강점기 근대 유산이 도시 전반에 고스란히 남아 있는 지역이다. 군산 공설시장은 이 지역의 역사적 배경을 시장 스토리텔링의 핵심 자원으로 활용했다. 시간을 파는 시장, 근대와 만나는 상점이라는 키워드는 단순한 슬로건이 아니라, 실제 매장과 상품, 안내 동선까지 연결된 콘텐츠였다. 시장 한 편에는 일제강점기 상점가를 복원한 골목이 조성되었고, 각 점포에는 과거 시장에서 거래되던 물건의 이야기와, 세대를 이어 온 상인의 기록이 전시되었다.

이러한 테마화는 관광객에게 '시장 = 역사 체험 공간'이라는 새로운 인식을 심어주었고, 상인들 역시 자기 점포의 역사를 마케팅 요소로 활용하는 데 익숙해졌다. 문화해설사와의 협업, 지역학교 연계 교육 프로그램 운영 등도 이어지며, 시장은 단순한 쇼핑 공간을 넘어 지역문화의 입구가 되었다.

통인시장: 엽전 도시락과 조선시대 상인의 재현

서울 종로구의 통인시장은 전통시장 스토리텔링의 대표 사례 중 하나다. 이 시장의 엽전 도시락은 관광상품으로 널리 알려져 있지만, 그 이면에는 조선시대 상인의 거래 방식과 전통 화폐인 엽전을 체험할 수 있는 이야기가 숨겨져 있다.

관광객은 시장 입구에서 실제 크기의 엽전 모형을 구입해, 도시락 반찬을 선택하고, 엽전으로 결제하는 경험을 할 수 있다. 이 과정은 단순히 이색 체험을 넘어, 시장의 문화적 배경을 자연스럽게 이해하게 만드는 교육적 장치이기도 하다. 덕분에 통인시장은 단기 소비 공간을 넘어 문화적 놀이 공간으로 거듭날 수 있었다.

청주 육거리종합시장: 인물과 전설을 콘텐츠로

청주 육거리종합시장은 역사 속 전설과 젊은 감각의 캐릭터, 그리고 현장 밀착형 콘텐츠 출판을 결합한 인물·전설 중심 스토리텔링 마케팅의 선도 사례다.

청주 육거리시장은 고려시대 국내에서 가장 긴 돌다리였으나 1906년 홍수와 일제강점기 공사로 지하에 묻힌 '남석교' 이야기를 중심에 두었다. 2018년 한국관광공사 글로벌 명품시장 육성사업단의 지원을 받아, 시장 중앙 천장에 팔각형의 라이트 캔버스를 설치하여 과거 남석교의 사계(春夏秋冬) 풍경을 사진·CG로 재현함으로써 방문객에게 시간을 거슬러 올라가는 경험을 제공했다.

먹거리 골목 입구 간판에는 전통 주걱을 든 함박웃음의 '마당쇠' 캐릭터를 내세워, 간판·굿즈·스탬프 투어·어린이 체험 코너 등에 활용했다. 이 캐릭터는 전통시장의 정겨운 이미지를 현대적으로 재해석해 시장 탐험의 재미를 더해 준다.

시장 상인들의 진솔한 인터뷰와 남석교 전설·캐릭터 기획 배경을 한데 모아 2018년 가이드북 《어서와 U-시장에서 만난 사람들》을 발간했다. 관광안내소와 온라인으로 배포된 이 책자는 방문객이 시장 곳곳의 이야기를 소장용 콘텐츠로 가져갈 수 있도록 설계되었다.

이처럼 청주 육거리종합시장은 '역사적 전설 → 캐릭터 구현 → 현장 스토리 출판'이라는 삼 단계 스토리텔링 전략을 통해 단순한 쇼핑 공간을 넘어서 이야기가 흐르는 문화 플랫폼으로 거듭났다.

스토리텔링 마케팅, 왜 중요한가?

전통시장에 스토리텔링을 입히는 것은 단지 보기 좋게 꾸미는 일이 아니다. 이는 곧 시장만의 차별화된 정체성을 만드는 작업이며, 경쟁력을 구축하는 핵심 전략이다. 대형 마트나 온라인 쇼핑몰과의 경쟁에서, 가격도 편의성도 아닌 '정서적 연결'이라는 무기가 시장의 새로운 생존 요인이 되는 셈이다.

차별화된 시장 콘텐츠는 이야기에서 시작된다. 스토리텔링이란 결국, 사람과 장소, 시간이 얽혀 만들어 낸 기억의 틀이다. 전통시장은 이미 수십 년간 쌓아온 이야기의 보고다. 중요한 것은 그것을 어떻게 발굴하고, 연결하고, 새롭게 해석할 것인가에 달려 있다.

단발성 테마나 이벤트성 기획이 아니라, 시장이 살아온 시간과 지역이 품은 기억을 상인과 소비자가 함께 나눌 수 있는 구조를 만드는 일. 그것이 진정한 스토리텔링 마케팅이며, 지금 우리 시장이 필요한 변화의 언어다.

스토리텔링을 통해 전통시장은 소비자와의 감성적 연결을 강화하고,

지역 공동체의 유대감을 회복하며, 지속 가능한 발전의 길을 모색할 수 있다. 전통시장의 미래는 그 안에 담긴 이야기의 힘에 달려 있다. 시장 고유의 이야기를 발굴하고, 이를 현대적 감각으로 재해석하여 소비자와 공유하는 노력은 전통시장을 다시금 지역의 중심으로 되돌릴 수 있는 열쇠가 될 것이다.

8.
청년 상인의 시대: 전통과 청춘의 실험실

전통시장의 풍경이 바뀌고 있다. 무채색 간판과 오래된 물건들 사이, 눈에 띄는 감각의 공간이 하나둘씩 등장하고 있다. 간결한 디자인, 독특한 상품 구성, SNS와 연결된 소통 방식. 그 중심에 선 이들은 다름 아닌 청년 상인들이다. 전통과 낯선 청춘의 조합은 처음엔 실험처럼 보였지만, 지금은 분명 하나의 변화 흐름이 되고 있다. 전통시장은 어느새 청년들의 창업 실험실이자, 지역문화의 교차점이 되었다.

전통시장 입점, 청년에게는 모험

청년 상인의 등장은 대부분 정부나 지자체의 청년몰·청년 점포 지원 사업을 통해 시작된다. 하지만 이 과정은 그리 단순하지 않다. 낮은 임대료와 초기 지원금, 교육 프로그램이 제공되지만, 실질적인 입점은 곧 시장이라는 생태계에 들어간다는 뜻이다.

많은 청년들은 자신만의 브랜드와 콘텐츠를 갖고 시장에 들어온다. 하지만 그들이 처음 마주하는 현실은 낯선 질서와 관행, 전통 상인들과의 온도 차, 낮은 평일 유동 인구 같은 구조적 문제다. 상품은 좋고, 인스타그램은 반응이 있는데 막상 매출은 기대 이하. 그래서 많은 청년 상인들은 첫 1년 안에 방향을 전환하거나, 시장을 떠나는 선택을 한다.

그러나 그 과정에서 버티고, 배우고, 지역과 연결되며 살아남는 청년들이 있다. 이들은 단순한 소상공인을 넘어, 지역 기반 창작자이자 콘텐츠 기획자로 성장한다. 그리고 시장이라는 전통의 틀 안에 신선한 흐름을 불어넣는 존재가 된다.

실패와 성장, 청년 상인의 두 얼굴

서울의 경동시장, 전주 남부시장, 부산 국제시장, 군산 공설시장 등에는 청년몰과 개별 청년 점포가 조성되어 있다. 하지만 모두가 성공한 것은 아니다. 유휴 공간만 채운 '청년몰 만들기'식 정책은 물리적 입점 이후 방치되기 일쑤였다. 내실 없는 지원, 지속적 멘토링의 부재, 시장 상인과의 갈등 등은 '청년 상인 생태계'가 정착되기 어려운 구조적 요인으로 작용했다.

반면, 시장과 함께 호흡하며 자리를 잡은 청년 상인들은 몇 가지 공통점을 지닌다.

첫째, 시장 안의 시장을 만든다: 단골을 확보하기 위해 자기만의 매장 분위기와 커뮤니티를 만든다.

둘째, 콘텐츠가 있다: 단순 판매가 아니라, 스토리와 체험이 결합된 상품을 만든다.

셋째, 지역과 연결된다: 지역 주민, 예술가, 농민, 공방 등과 협업하며 지역형 브랜드로 성장한다.

이러한 청년 상인들은 전통시장 내부에 새로운 고객층을 유입시키고, 시장의 브랜딩 이미지를 갱신하며, 다른 청년들의 입점을 유도하는 '작은 중심점'이 된다.

정부와 지자체는 지난 10여 년간 청년 상인을 전통시장 활성화의 열쇠로 삼아왔다. 전국 곳곳에서 청년몰과 청년 점포 지원 사업이 이어졌고, 일부 성공 사례는 미디어의 주목도 받았다. 하지만 현실에서는 여전히 몇 가지 간극이 존재한다.

지원은 있지만 동행은 없다

입점 초기만 지원하고, 이후 경영 컨설팅이나 실질적 네트워크 연결이 부족한 경우가 많다. 정책은 공급 중심, 시장은 생존 중심이다.

상인과 행정의 온도 차

기존 상인들은 청년 상인을 특혜받는 외부인으로 인식하거나, 문화적 충돌을 경험하기도 한다. 반대로 청년은 시장 운영의 관행과 불투명한 구조에 좌절하기 쉽다.

공간은 있지만 이야기는 부족

　청년몰이나 청년 점포가 입점은 했지만, 그 공간에 대한 서사와 일관된 기획이 없는 경우, 소비자에게 의미 있게 다가가지 못한다.

　이러한 간극을 메우기 위해서는 단기 지원을 넘어선 생태계 기반 조성이 필요하다. 지역 단체, 시장조직, 청년 커뮤니티, 로컬 미디어 등이 연합해 지속 가능한 운영 모델을 만들 수 있어야 한다. 특히, 혼자 버티는 청년 상인이 아니라, 함께 성장할 수 있는 공유 생태계로 시장 구조를 재편해야 한다.

　전통시장에 들어온 청년들은 단지 빈 점포를 채우는 존재가 아니다. 그들은 전통의 흐름을 이해하면서도, 지금의 감각으로 새로운 시장을 그리는 사람들이다. 때로는 실패하고, 때로는 떠나지만, 그 과정에서 시장은 분명 바뀌고 있다.

　청년 상인은 지금도 어디선가 나만의 방식으로 시장을 해석하고 있다. 로컬 크리에이터로서, 지역문화 기획자로서, 그리고 전통시장이라는 오래된 플랫폼의 새로운 사용자로서. 전통과 청춘의 이 실험은, 아직 끝나지 않았다.

9.
스마트 시장의 조건: 디지털 기술과의 접점 찾기

전통시장의 변화는 더 이상 물리적 공간의 개편만으로 설명되지 않는다. 이제 시장은 디지털이라는 새로운 무대 위에서 다시 경쟁력을 시험받고 있다. 팬데믹 이후 가속화된 비대면 소비와 온라인 쇼핑 문화는 전통시장에도 새로운 질문을 던졌다. 기술과 만난 시장은 어떤 모습이어야 할까? 그리고 전통시장이 기술을 받아들이기 위한 조건은 무엇일까?

기술이 시장에 들어오는 방식

전통시장의 디지털화는 단순한 전자상거래 도입 이상의 의미를 갖는다. 그것은 시장의 운영 방식, 고객과의 소통 방식, 물류와 결제 방식까지 포괄하는 전면적 구조의 전환을 뜻한다. 최근 주목받는 주요 사례들을 보면 다음과 같은 흐름이 확인된다.

1. 온라인 쇼핑몰과 마켓 플랫폼 연동

경기도의 '배달 특급', 부산의 '동백상회', 서울의 '놀러 와요 시장' 등은 지역 전통시장 상점들을 배달 앱이나 자체 쇼핑몰 플랫폼에 연동해, 오프라인 상품을 온라인에서 구매 가능하게 했다. 단순 중계가 아니라, 점포 단위의 브랜드화, 지역 특산물 패키지 구성, 리뷰와 평점 시스템 등의 디지털 UX(User Experience)가 접목된 것이 특징이다.

2. 라이브 커머스 도입

청주 육거리시장, 전주 남부시장 등은 상인들이 직접 출연하거나 인플루언서를 초청해 시장 상품을 실시간으로 판매하는 라이브 커머스 방송을 운영하고 있다. 제품 소개뿐 아니라 시장의 현장감을 전달함으로써, 고객과의 감성적 거리도 줄이고 있다. 이는 전통시장이 갖고 있는 사람 냄새 나는 이야기를 기술로 확장하는 좋은 예다.

3. 무인 결제 시스템과 디지털 POS

서울 경동시장, 대전 중앙시장 등 일부 시장은 무인 키오스크 결제, 카드/간편결제 도입, POS 연동을 통한 매출 분석까지 시도하고 있다. 이는 시장 운영의 투명성을 높이고, 고객 입장에서 편의성을 대폭 향상시키는 기반 기술로 평가된다. 특히 고령 상인에게는 디지털 인식 보조기기나 QR코드 활용 매뉴얼을 제공하는 등의 디지털 적응 지원이 병행되고 있다.

스마트 전통시장을 위한 세 가지 조건

1. 기술의 목적이 '편의'여야 한다

기술은 상인을 위한 것이기도 하지만, 더 궁극적으로는 고객 경험을 변화시키는 수단이어야 한다. 예를 들어, 주차 앱 연동, 예약 픽업, 재래시장 장바구니 공유 등은 고객의 불편을 해소하며 시장 이용률을 높이는 기술적 접근이다.

2. 상인의 이해와 주체성이 중요하다

단지 외부 시스템을 도입한다고 시장이 스마트해지는 것은 아니다. 상인이 기술을 쓰는 사람으로 거듭날 수 있도록 충분한 교육과 동기부여가 이루어져야 한다. 초기에는 운영 대행이나 동행 서비스가 필요하더라도, 궁극적으로는 상인의 디지털 자립이 목표가 되어야 한다.

3. 기술은 연결을 만들어야 한다

전통시장의 본질은 관계에 있다. 스마트 시장이 되더라도 이 본질이 사라지면 시장의 강점은 희석된다. 예컨대 단골 고객에게 자동 발송되는 맞춤형 알림 메시지, 거래 내역 기반의 감성적 리마인드, 시장 방송과 SNS의 연동은 기술이 관계를 보완하고 확장하는 사례다.

기술은 플랫폼이 아니라 전략이다

많은 전통시장들이 스마트화라는 키워드를 갖고 디지털 전환을 시도하고 있지만, 중요한 것은 기술 그 자체가 아니다. 어떤 기술을 쓸 것인가보다 그 기술이 시장의 어떤 문제를 해결하는가, 또는 무엇을 가능하게 하는가가 더 중요하다.

기술은 전통시장의 운영 모델을 다음과 같이 변화시킨다.

전통적 운영 모델	디지털 운영 모델
상인 개별 판매	공동 마켓플랫폼 통한 집합 판매
오프라인 단골 중심	온라인 커뮤니티 기반 팬층 형성
수작업 판매 · 정산	POS 기반 자동화 및 분석
경험적 입소문	SNS · 리뷰 기반 디지털 입소문
물리적 거리 중심 판매	전국 · 해외 연동 가능 시장 확장

이 변화는 단지 생존을 위한 것이 아니라, 전통시장이 가진 장점을 더 많은 사람과 더 넓은 공간으로 연결시키기 위한 전략적 도구로 작동할 수 있다.

전통시장의 스마트화는 선택이 아니라 필연의 시대를 맞고 있다. 다만, 그 기술은 시장을 압도하는 것이 아니라 시장 고유의 감성과 이야기, 관계를 보완하고 확장하는 방향으로 쓰여야 한다. 디지털이 바꾸는 전통시장의 미래는 결국 기술을 잘 쓰는 사람에게 달려 있다. 그리고, 그 출발은 시장 구성원 모두가 "이 기술이 우리에게 왜 필요한가?"를 함께 묻는 데서 시작된다.

10.
작은 성공에서 큰 변화로: 지속 가능한 혁신의 조건

전통시장은 이제 단지 지켜야 할 장소가 아니라, 변화와 실험이 교차하는 공간으로 새롭게 조명되고 있다. 유럽의 공간 전환형 마켓컬처, 일본의 공동체 재생 전략, 동남아의 하이브리드 모델, 그리고 국내 각 지역 시장의 다양한 시도는 전통시장의 진화 가능성을 입증하고 있다. 그러나 진정한 과제는 이러한 사례를 어떻게 확장 가능한 변화의 모델로 만들 것인가에 있다.

작은 성공이 큰 변화로 이어지기 위해서는 몇 가지 공통된 조건과 전략이 필요하다. 지금까지의 사례를 통해 확인한 지속 가능한 혁신의 요소들을 교차 분석하고, 이를 기반으로 반복 가능한 시장 혁신 모델의 가능성을 모색해 본다.

변화의 중심에 있었던 다섯 가지 공통 요소

지금까지 분석된 전통시장 성공 사례에는 다음과 같은 공통된 혁신 요건이 존재한다.

1. 공간을 재해석하다: 장소에서 경험으로

영국 브릭스턴 마켓, 스페인 산 미구엘 시장은 단순한 판매 공간이 아닌 문화와 체험의 플랫폼으로 시장을 재구성했다. 서울 경동시장과 속초 중앙시장도 공간 브랜딩을 통해 젊은 세대의 유입을 유도했다.

2. 지역성과 현대성의 공존

일본 나카노 브로드웨이, 태국 짜뚜짝 시장은 전통에 머물지 않고 현대적인 콘텐츠와 접목하면서 복합 소비 문화 공간으로 재편되었다. 국내에서는 대구 서문시장, 통영 중앙시장 등도 관광과 지역 자산의 조화를 시도했다.

3. 사람이 콘텐츠가 되다: 스토리텔링의 힘

전통시장 스스로가 이야기를 가진 브랜드로 거듭나기 위해, 시장 사람들과 지역 역사, 문화자산을 연결하는 시도가 활발했다. 청년 상인들이 이 과정에서 로컬 크리에이터로 성장하며 시장의 정체성을 재정의하는 역할을 했다.

4. 기술과의 공존: 스마트 전통시장

온라인 플랫폼, 라이브 커머스, 무인 결제 시스템 등의 기술은 전통시장 운영 방식의 효율성과 확장성을 높이는 데 핵심 역할을 했다. 그러나 기술은 보조 수단이지 목적이 아님을 명확히 인식한 사례일수록 지속 가능성이 높았다.

5. 공동체 기반 운영 모델

협동조합(히로메 시장), 시장 거버넌스(산 미구엘 시장), 공공-민간 협력 구조(청년몰)의 유무에 따라 지속성과 자생력이 결정되었다. 시장 전체가 생태계로 움직일 수 있도록 운영 구조의 민주성과 유연성 확보가 핵심이다.

● 사례 교차 분석: 성공 모델의 3가지 유형

분류	대표 사례	핵심 전략	지속 가능성 요건
문화 융합형	브릭스턴 마켓, 속초 중앙시장	체험 콘텐츠, 공간 재디자인	로컬 자산과의 연동, 기획력
커뮤니티 중심형	히로메시장, 나카노 브로드웨이	협동조합, 자율 운영	거버넌스 체계, 상인 주도성
디지털 확장형	청년몰, 시장 라이브커머스	온라인 플랫폼, 무인 결제	디지털 역량, 교육·지원 체계

이러한 세 유형은 서로 독립된 것이 아니라, 복합적으로 융합될수록 지속 가능한 성공모델이 된다.

반복 가능한 성공을 위한 다섯 가지 과제

1. 기획자 없는 시장에서 벗어나기

대부분의 전통시장은 기획 역량이 내부에 존재하지 않거나, 외부 컨설팅에만 의존하는 경우가 많다. 그러나 지속적인 콘텐츠 개발과 공간 운영, 커뮤니티 소통을 위한 전문 인력(시장 코디네이터, 마켓 디렉터 등)의 상시 배치가 필수적이다.

2. 성과보다 과정 중심의 지원 정책 전환

청년 상인 정책, 디지털화 지원 등은 단기성과 위주였다. 하지만 시장의 변화는 시간과 관계를 필요로 한다. 시장별 맞춤형 성장 계획이 가능하도록 장기적이고 단계적인 지원 체계가 필요하다.

3. 지역 네트워크와의 연결

전통시장이 살아남기 위해선 지역 예술가, 청년 창업자, 농업/공방 생산자 등과 유기적으로 연계된 네트워크 생태계를 구성해야 한다. 이를 통해 시장은 더 이상 고립된 소비 공간이 아니라, 지역문화의 유통 허브로 거듭날 수 있다.

4. 디지털 문해력 격차 해소

상인 간 디지털 이해도 격차는 스마트 시장의 걸림돌이 된다. 단발성 교육이 아닌, 시장 내 디지털 멘토링 시스템이나 세대 간 협업 구조(청년 상인과 고령 상인의 파트너십)를 통해 문제를 해결할 수 있다.

5. 고객을 시장 변화의 파트너로 만들기

시장 혁신은 내부 구조뿐 아니라 고객의 인식 전환도 필요하다. 체험 프로그램, 지역문화 행사, 스토리텔링 캠페인 등은 고객을 단순 소비자가 아닌, 시장 이야기의 일부로 만드는 장치가 될 수 있다.

작지만 분명한 변화의 불씨

전통시장의 혁신은 이제 추상적인 희망이 아니다. 이미 국내외 곳곳에서 작지만 분명한 변화의 불씨가 타오르고 있다. 그 불씨를 어떻게 키우고, 옆 시장과 지역으로 옮겨 붙일 수 있을지에 대한 고민이 지금 우리에게 필요한 지점이다.

결국 지속 가능한 전통시장의 미래는 특정 시장의 성공을 넘어, 그 성공을 재현 가능한 구조와 문화로 만드는 능력에 달려 있다. 이 시대 전통시장의 가장 중요한 경쟁력은 반복 가능한 변화를 만들어 내는 힘일지도 모른다.

3부

미래를 향한 제언, 지속 가능한 전통시장을 위한 과제

1. 전통시장의 미래를 다시 묻다

전통시장이라는 이름이 지닌 무게

전통시장이라는 이름은 단순히 과거를 상징하는 말이 아니다. 그것은 한 시대의 삶의 방식과 공동체의 기억, 상생의 경제를 품고 있는 단어다. 하지만 지금 이 이름은 우리에게 어떤 의미로 다가오는가? 한때 지역 경제의 중심이었던 전통시장은 이제 산업화와 유통 대기업의 팽창, 온라인 소비의 일상화 속에서 점점 낡고 불편한 공간으로 인식되고 있다.

이 같은 변화 속에서 전통이라는 단어는 보존의 가치보다는 쇠퇴의 이미지로 덧씌워졌다. 전통시장에 대한 대중의 인식은 주차가 불편한 곳, 현금만 받는 곳, 혹은 노후한 상권 등으로 요약된다. 특히 젊은 세대에게는 시장이 일상과 동떨어진 공간으로 느껴진다. 이처럼 전통시장이라는 이름이 지닌 무게는 문화적 상징을 넘어, 상인과 지역 주민이 감당해야 하는 현실적 부담이기도 하다.

그러나 이 이름이 지닌 힘은 여전히 유효하다. 전통시장은 과거의 삶의 방식을 보존하는 장소이면서도, 그 시대의 정신을 현재로 끌어올 수 있는 가능성의 공간이다. 전통이란 정체된 과거가 아니라, 시대와 호흡하며 변화를 수용할 때만 지속될 수 있다.

사라짐이 아닌 새로 태어남의 가능성

많은 전통시장이 문을 닫고 있다. 또는 여전히 문을 열고 있지만 지역사회에서 잊힌 공간이 되고 있다. 그러나 전통시장의 문제는 단순한 존폐의 문제가 아니다. 우리는 전통시장을 어떻게 다시 태어나게 할 수 있을지를 물어야 한다.

새로운 전통시장은 과거의 향수를 되살리는 복원 공간이 아니라, 현재와 미래의 삶을 담아내는 재창조의 공간이어야 한다. 실제로 몇몇 지역에서는 청년 상인을 유치하거나, 시장 공간을 문화·예술과 접목해 재구성하는 시도를 통해 가능성을 보여주고 있다. 시장은 물건을 사고파는 공간을 넘어, 경험과 관계, 지역성과 공동체성이 살아 숨 쉬는 장소로 다시 설 수 있다.

새로 태어남은 단순한 시설 개선이나 이미지 제고 차원을 넘어선다. 운영 방식과 소비자와의 관계, 공간의 정체성 전반을 새롭게 설계하는 일이다. 나아가 도시재생, 로컬 푸드, 사회적 경제와의 연계 속에서 전통시장은 지속 가능한 지역 생태계를 구성하는 핵심 인프라가 될 수 있다.

 중요한 것은 변화에 대한 의지와 실행이다. 전통시장이 살아남기 위해 필요한 것은 과거로의 회귀가 아니라, 현재의 일상 속에서 다시 살아 숨 쉬는 공간으로서의 전환이다. 전통시장은 이제 끝이 아니라, 다시 태어남이라는 가능성의 문 앞에 서 있다.

2.
정책의 패러다임 전환: 단기 지원에서 생태계 조성으로

그동안의 정책 성과와 한계

전통시장을 살리기 위한 정부의 노력은 지난 수십 년간 꾸준히 이어져 왔다. 특히 2000년대 이후, 각종 현대화 사업과 시설 개선, 온누리 상품권 도입, 특성화 시장 육성 등 다양한 정책이 추진되었다. 이들 정책은 일정 부분 성과를 거뒀다. 전통시장에 대한 관심을 다시 끌어올리고, 노후화된 시설을 개선하여 방문객의 편의를 높였으며, 일부 시장에서는 상인 교육과 마케팅 지원 등을 통해 자생력 강화의 기반을 마련하기도 했다.

하지만 이러한 정책이 실제로 전통시장의 지속 가능성을 확보했는지에 대해서는 냉정한 평가가 필요하다. 대다수의 정책이 단기적 성과 중심으로 설계되어 있었고, 보조금 지원이나 일시적 리모델링에 그친 경우가 많았다. 시장 간의 차별성과 정체성은 충분히 고려되지 않았고,

정책이 현장의 복잡한 맥락과 조응하지 못한 채 일률적으로 적용되면서 실효성은 떨어졌다.

또한 정책 추진 과정에서 상인과 지역 주민의 참여가 제한적이었다는 점도 중요한 한계다. 정책 수혜자는 존재했지만, 정책의 주체는 명확하지 않았다. 변화의 동력이 내부에서 시작되지 않는 이상, 외부 자금과 제도에만 의존하는 구조는 오래가지 못한다는 점에서 전통시장 정책의 근본적인 방향 전환이 요구된다.

선별적·통합적·지속 가능한 정책 설계 방안

이제는 '얼마나 지원하느냐'보다 '어떻게 생태계를 조성할 것인가'를 중심으로 정책의 초점을 전환해야 한다. 무엇보다 선별적 접근이 필요하다. 모든 시장이 같은 방식으로 살아날 수는 없다. 시장의 규모, 위치, 특성, 이용 고객층 등을 고려한 맞춤형 전략이 요구된다. 규모가 작지만 지역문화와 강하게 결합된 시장은 문화형 시장으로, 중심지에 위치한 시장은 관광·상업 복합형으로 특화할 수 있다.

또한 정책의 통합성이 중요하다. 지금까지 전통시장 정책은 중소벤처기업부를 중심으로 추진돼 왔지만, 사실상 도시재생, 문화, 복지, 청년 창업 등 다양한 분야와 연결되어 있다. 부처 간 칸막이를 넘어서는 협력 체계, 지방정부와 지역 커뮤니티를 아우르는 종합적 전략이 필요하다. 전통시장 정책이 아니라, 지역 생활 생태계 정책으로 확장돼야 한다.

지속 가능성을 위한 조건도 빼놓을 수 없다. 정책은 일회성이 아니라, 시장 내부 역량을 키우는 구조로 설계되어야 한다. 이를 위해서는 상인의 협동조직 강화, 로컬 브랜드 육성, 장기적인 임대 안정성 확보, 디지털 전환 등 자생력을 높이는 인프라 조성이 우선되어야 한다. 단기적 성과를 위한 수치 중심 평가에서 벗어나, 시장의 변화 과정과 회복력 자체를 성과로 인정하는 평가 체계로의 전환도 필요하다.

결국, 전통시장의 미래는 제도 밖에서가 아니라, 제도 안에서 새롭게 태어나야 한다. 단기적 처방이 아닌 생태계 중심의 접근, 지원이 아닌 성장 기반의 설계가 이루어질 때, 비로소 시장은 다시 살아 숨 쉬는 공간으로 자리 잡을 수 있다.

3.
규제의 재구성: 전통시장을 가로막는 보이지 않는 벽들

상권 구분, 시설 기준, 운영 제한 등 현실적 문제

전통시장을 둘러싼 여러 제도와 규제는 본래 시장의 안전과 질서를 지키기 위한 장치였다. 그러나 시간이 지나면서 일부 규제는 오히려 시장의 활력을 저해하고, 변화와 혁신을 가로막는 벽으로 작용하고 있다. 대표적인 사례가 상권 구분에 대한 제도다.

전통시장과 인근 대형 유통시설 간 상권을 분리해 보호하는 정책은 일정 부분 전통시장의 생존에 기여해 왔지만, 그 이면에서는 상권의 경계를 고착화하고, 시장 스스로 변화할 수 있는 유연성을 차단해 왔다. 예를 들어 시장 인근의 유휴 공간을 활용해 새로운 상업적 시도를 하거나, 협업 모델을 도입하려 해도 규제에 막혀 추진되지 못하는 경우가 많다.

시설 기준 또한 현실과 괴리되어 있다. 많은 전통시장이 오래된 건축물이나 비정형적 구조를 가지고 있는 상황에서, 일률적인 시설 기준은 리모델링과 안전 개선의 발목을 잡는다. 창고 하나를 개조해 문화 공간이나 카페로 활용하려 해도, 용도 변경 문제와 소방·건축 기준 충족의 벽이 높다.

운영에 있어서도 다양한 제약이 존재한다. 예를 들어, 청년 상인이 입점해 새로운 형태의 매장을 열고자 할 경우, 기존의 운영 시간이나 휴무일 기준, 상품 범위 제한 등에 부딪힌다. 시장이라는 틀 안에 들어가는 순간, 변화의 자유는 제한되고, 행정의 기준에 따라 움직여야 하는 구조가 만들어진다. 결국 이는 시장이 스스로 실험하고 진화할 수 있는 가능성을 억제하는 결과로 이어진다.

규제 개선을 통한 유연한 운영 가능성

이제는 규제를 단순히 완화하거나 없애는 차원을 넘어, 현실에 맞게 재구성하는 접근이 필요하다. 전통시장은 과거와 다른 조건에서 경쟁하고 있으며, 이에 맞는 제도적 기반이 새롭게 마련되어야 한다. 규제는 정지 상태를 유지하기 위한 것이 아니라, 변화 속에서도 시장의 공공성과 안전성을 지켜낼 수 있도록 설계되어야 한다.

첫째, 상권 보호보다는 상권 연결의 관점이 중요하다. 대형 마트나 복합 쇼핑몰과의 경쟁 구도가 아닌, 협력 모델과 복합 공간으로의 전환을 염두에 두고 정책과 제도를 재정비해야 한다. 전통시장을 지역 상업 생태계 안에서 유기적으로 연결된 플랫폼으로 보고, 유휴 공간 활용이나 공동 마케팅, 소비자 흐름 데이터 연계 등을 제도적으로 지원할 수 있어야 한다.

둘째, 시설 기준과 운영 규제는 시장의 특성을 반영한 유연한 기준으로 전환돼야 한다. 모든 시장에 일괄 적용되는 기준이 아니라, 시장 유형별·지역별 맞춤형 가이드라인이 마련되어야 한다. 안전을 해치지 않으면서도 소규모 창작 공간, 공유주방, 문화 거점 등 다양한 시도가 제약 없이 이루어질 수 있어야 한다.

셋째, 시장 운영의 자율성과 실험 가능성을 보장하는 방향으로 규제가 조정되어야 한다. 예를 들어, 일부 구역에 한해 새로운 운영 모델을 시험해볼 수 있는 '규제 샌드박스형 시장 특구'를 도입하면, 규제의 틀 안에서도 시장이 실험하고 혁신할 수 있는 환경이 조성될 수 있다.

결국, 규제는 시장의 질서를 유지하기 위한 수단이 아니라, 변화의 동력을 키우기 위한 촉매제가 되어야 한다. 제도가 시장을 틀에 가두는 것이 아니라, 가능성을 확장시키는 기반이 될 때, 전통시장은 보다 유연하고 창의적인 공간으로 다시 설 수 있다.

4.
지자체의 실질적 역할: 공간·문화·경제를 잇는 로컬 거버넌스

지자체 주도의 특화 전략과 성공 조건

전통시장은 중앙정부 주도의 지원을 넘어, 지역 고유의 맥락을 반영하는 지자체 중심 전략이 중요해지고 있다. 실제로 시장을 가장 가까이에서 마주하는 주체는 지역 주민과 상인, 그리고 이를 조율하고 실행할 수 있는 지방정부다. 따라서 전통시장의 지속 가능한 전환을 위해서는 지자체가 단순한 지원 행정의 역할을 넘어, 기획자이자 조정자로서의 실질적 역할을 수행해야 한다.

지자체 주도의 전통시장 활성화 전략이 성공하기 위해서는 몇 가지 조건이 전제되어야 한다. 첫째, 시장의 정체성에 대한 명확한 이해가 필요하다. 무작정 관광형 시장을 만들기보다는, 해당 시장이 가진 역사적 배경, 지역 주민과의 관계, 상권 특성을 면밀히 분석해야 한다. 이를 바탕으로 시장마다 다른 특화 전략이 설계되어야 한다.

둘째, 민관 협력 구조의 지속성이 중요하다. 많은 지자체가 일회성 이벤트나 단발성 사업에 집중하면서 시장과의 관계를 일시적으로만 맺는 경우가 있다. 하지만 진정한 변화는 장기적인 신뢰와 협력을 기반으로만 가능하다. 상인조직과의 긴밀한 소통, 지역 내 예술가·기획자·청년 창업자들과의 연계, 시민사회의 참여 등을 통해 거버넌스형 시장 운영 모델이 형성되어야 한다.

셋째, 실행력 있는 전담 조직과 리더십이 필요하다. 시장 현장을 이해하고 변화의 방향성을 구체화할 수 있는 중간 조직, 또는 로컬 거버넌스를 주도할 수 있는 전문 인력이 지자체 내에 반드시 확보되어야 한다. 단순히 외부 용역에 맡기는 방식으로는 시장 고유의 색을 살려내기 어렵다.

로컬 브랜드, 지역산업과의 연결 고리 마련

전통시장이 다시 살아나기 위해서는 시장 자체의 매력만으로는 부족하다. 지역 내 다른 자원들과의 유기적 연결, 즉, 로컬 생태계 안에서의 포지셔닝이 함께 이뤄져야 한다. 여기서 중요한 키워드는 로컬 브랜드화와 지역 산업과의 연계다.

최근 성공적인 전통시장 사례들을 보면, 단순한 상거래 공간이 아니라 지역을 대표하는 브랜드로 자리매김하고 있다. 예를 들어, 지역 농산물과 공예품, 향토 음식 등을 시장의 핵심 콘텐츠로 재해석하거나, 청년 상인의 창의적인 기획을 통해 새로운 브랜드 이미지를 형성한 사례들이 있다. 시장은 지역의 일상적 삶이 응축된 공간인 만큼, 이를 잘 정제하면 도시의 정체성을 대표하는 '로컬 브랜드'로 성장할 수 있다.

또한 지역 산업과의 연결 고리도 전통시장을 확장시키는 중요한 축이다. 인근의 농업, 수산업, 제조업, 예술·디자인 산업 등과의 협업을 통해 상품뿐 아니라 콘텐츠, 프로그램, 경험의 연계를 창출할 수 있다. 예컨대 지역 농가와의 직거래 시스템 구축, 로컬 푸드를 활용한 요리 클래스, 소상공인과 지역 공방의 공동 마케팅 등은 전통시장을 생산과 소비, 체험이 만나는 플랫폼으로 재구성하는 방식이다.

이러한 연결 고리를 설계하는 주체가 바로 지자체다. 지자체는 다양한 자원을 가진 기관과 사람들 간의 관계를 촘촘하게 엮고, 중복된 지원은 조정하며, 장기적인 방향성을 공유하는 허브 역할을 수행해야 한다. 단순히 '장 보러 가는 곳'이 아닌, 지역문화를 경험하고, 사람을 만나고, 이야기를 나누는 복합 커뮤니티 공간으로의 전환을 이끄는 것이 지자체의 핵심 과제다.

이러한 로컬 연계 전략은 이미 전국 곳곳에서 다양한 실험으로 이어지고 있다.

예를 들어 강릉 중앙시장은 지역 로스터리 카페와 청년 창업자들의 협업을 통해 '강릉 커피'라는 지역 브랜드를 시장 공간 안에 자연스럽게 녹여냈다. 커피 축제, 야시장, 청년몰 등 다양한 콘텐츠가 결합되면서 시장은 단순한 장터를 넘어 강릉 문화의 복합 플랫폼으로 자리 잡았다.

또한 광주 1913 송정역 시장은 지자체와 민간 기획사의 협업으로 이루어진 대표적인 도시재생형 시장이다. 기존 상권을 보존하면서도, 젊은 창업자들이 운영하는 감각적인 매장과 로컬 콘텐츠를 입혀 낡음과 새로움이 공존하는 공간으로 재탄생했다. 이 과정에서 광주시는 행정 지원뿐 아니라 시장 환경 정비, 브랜드 개발, 마케팅 전략 수립 등 종합적 지원 체계를 마련했다.

정선 아리랑시장은 전통 민속 콘텐츠와 지역 농산물, 관광 자원을 접목시킨 사례다. 5일마다 열리는 '정선 오일장'은 단순한 장터가 아니라, 공연·체험·전통 음식이 어우러진 축제의 장이 되었다. 이는 지자체가 관광정책과 지역 상권을 통합 기획하면서 가능해진 결과다.

이러한 성공 사례를 참고하여 지자체가 고려할 수 있는 구체적 정책 아이디어는 다음과 같다.

1. 시장-지역자원 연계형 플랫폼 구축: 농업기술센터, 예술인 협동조합, 로컬 푸드 직매장 등과의 협업 체계 구축

2. 시장 운영 전문인력 양성: 지역 청년 또는 퇴직 전문가를 대상으로 전통시장 매니저 과정 개설

3. 지역형 청년 상인 창업지원 모델: 창업 공간, 멘토링, 마케팅, 공동 브랜딩을 패키지로 제공하는 로컬 창업 인큐베이팅 프로그램 운영

4. 시장 기반 마을기업 또는 사회적 협동조합 육성: 시장을 기반으로 하되, 상인이 아닌 지역 주민도 운영에 참여하는 공동체형 운영 모델 도입

5. 로컬 축제 및 콘텐츠 연계형 시장 주간 운영: 지역 고유의 문화 콘텐츠와 결합한 계절별 테마 시장 운영으로 관광 수요 흡수

지자체는 이러한 전략과 아이디어를 시장 지원 정책이 아니라 지역 경제와 문화 생태계 기획의 한 축으로 바라보는 시각 전환이 필요하다. 전통시장은 여전히 도시의 얼굴이자 삶의 밀도가 응축된 공간이다. 이 공간을 지자체가 어떻게 기획하느냐에 따라, 시장의 미래뿐 아니라 지역의 정체성도 함께 재구성될 수 있다.

5.
상인의 주체화: 바꾸는 힘은 내부에서 시작된다

스스로 기획하고 운영하는 시장의 등장

전통시장에 필요한 변화는 외부에서 강제로 밀어붙이는 방식이 아니라, 내부로부터의 자발적인 움직임에서 시작되어야 한다. 아무리 제도적 지원과 물리적 리모델링이 이루어져도, 시장의 주인인 상인이 변화의 주체가 되지 않는다면, 시장은 다시 원래의 상태로 되돌아갈 수밖에 없다. 결국 시장을 바꾸는 힘은 외부가 아닌 내부에 있으며, 상인의 주체화는 지속 가능한 시장의 핵심 열쇠다.

최근에는 변화의 주도권을 상인이 쥐고, 스스로 시장을 기획하고 운영하는 시도들이 늘고 있다. 예를 들어 서울 망원시장은 SNS 활용, 공동 마케팅, 청년 상인과의 협업 등을 주도한 기존 상인들의 자발적인 활동이 뒷받침되며, 유동 인구가 다시 늘고 브랜드 이미지가 살아났다. 단순히 청년 상인들이 시장으로 들어왔기 때문이 아니라, 시장 전체가 함께 움직였기 때문이다.

또한 부산 부전시장의 경우, 상인회가 중심이 되어 시장 내 유휴 공간을 리모델링하고, 로컬 푸드 가공품 브랜드를 기획하면서 상인 기획자의 역할을 실현해 냈다. 자체적으로 교육 프로그램을 운영하고, 외부 디자이너·기획자와 협업해 상점의 BI(Brand Identity)를 만드는 과정도 자발적으로 추진됐다.

이러한 변화의 공통점은 상인 스스로가 시장의 정체성과 방향을 고민하고, 주체적으로 행동한다는 데 있다. 상인들은 더 이상 물건만 파는 사람이 아니라, 시장이라는 공간을 기획하고 운영하는 주인공으로서 자리매김하고 있다.

상인 역량 강화와 리더십 구축의 중요성

하지만 이런 변화가 일부 시장에 국한되지 않기 위해선, 보다 체계적인 상인 역량 강화와 리더십 구축이 필수적이다. 전통시장 상인들은 대부분 개인 사업자로서 각자의 생존에 집중해 왔기에, 공동의 목표를 기획하거나 외부 자원과 연결하는 데 익숙하지 않다. 따라서 시장이라는 공동체 안에서 기획과 운영, 홍보와 협업, 공간과 콘텐츠에 대한 역량을 키울 수 있는 교육과 지원이 필요하다.

우선, 기획 능력 강화가 중요하다. 시장을 단순히 물건을 파는 공간에서 경험을 제공하는 장소로 바꾸려면, 고객의 변화된 요구를 이해하고 새로운 상품과 공간을 상상하는 기획 역량이 필요하다. 이를 위해 지역 대학, 창업지원센터, 문화기획자 등과 연계한 실전형 교육 프로그램이 필요하며, 실제 상권 변화 프로젝트에 상인들이 직접 참여할 수 있도록 기회를 제공해야 한다.

둘째, 조직 내 리더십의 발굴과 재정비도 중요하다. 상인회가 여전히 비공식적 위계와 관행에 의존하고 있는 경우, 외부 변화에 적극 대응하기 어렵다. 젊은 상인이나 변화에 열려 있는 상인을 중심으로 새로운 운영 조직을 만들거나, 협동조합·사회적 기업 등 다양한 법인 형태를 도입해 시장의 운영 주체를 다변화할 필요가 있다. 리더십은 한두 명의 열정으로 지속되지 않는다. 다층적이고 분산된 리더십 구조가 있어야 한다.

셋째, 상인 간 협업 문화의 정착이 관건이다. 여전히 시장에서는 점포 간 경쟁의식이 강하고, 공동의 이익보다 개별 생존이 우선시되는 분위기가 남아 있다. 하지만 장기적으로는 공동 프로모션, 공동 물류, 공동 마케팅 등의 협업 구조 없이는 외부 자본에 맞설 수 없다. 신뢰를 바탕으로 한 협업 모델은 시장 내 커뮤니케이션 구조에서 시작되어야 하며, 지자체와 중간 지원조직은 이를 중재하고 촉진하는 역할을 해야 한다.

개별화되어 있는 상인들이 중심이 되기 위해서 초기에는 정부, 지자체, 전문가 집단 등 외부의 도움이 필요할 수 있다. 정부나 지자체가 초기 마중물 역할을 하고 상인이 중심이 되어 실천할 수 있는 몇 가지 아이디어를 제시해 보면 다음과 같다.

1. 시장 내 상인 기획단 또는 시장 운영협의회 제도화: 상인 주도로 공간 운영, 콘텐츠 기획, 지역 연계 사업을 설계하고 실행

2. 상인 리더 육성 아카데미 운영: 전통시장 전문가·디자이너·문화 기획자와 연계한 단계별 역량 강화 프로그램 운영

3. 청년 상인과 기존 상인의 멘토링-콜라보 모델: 세대 간 역량 교류를 통해 지속 가능한 운영 방식 발굴

4. 시장 기반 사회적 기업 설립 지원: 공공성과 수익성을 겸비한 협업 조직을 육성해 시장의 운영 구조 다양화

상인이 바뀌면 시장이 바뀐다. 상인이 주체가 될 때, 전통시장은 더 이상 외부 지원에만 의존하지 않고 스스로 살아 움직이는 유기체가 된다. 그 변화의 씨앗은 언제나 시장 안, 상인의 손에 있다.

6.
세대교체와 협업: 청년 상인과의 지속 가능한 파트너십

일회성 유입이 아닌 시장 구성원으로서의 청년

전통시장에 활력을 불어넣는 대표적인 키워드 중 하나는 '청년'이다. 그러나 지금까지의 청년 상인 유입 정책은 단기적인 유입과 생존율에만 초점이 맞춰져 있었다. 대부분 일정 기간 임대료를 감면받거나 창업 자금을 지원받는 구조로 시작되지만, 2~3년이 지나면 자립에 실패하거나 시장 내에서 고립되어 떠나는 경우가 많다. 이처럼 일회성 진입에 머무르는 방식으로는 청년 상인이 시장 구성원으로 뿌리내릴 수 없다.

청년 상인을 시장의 일원으로 자리 잡게 하려면, 무엇보다도 시장 전체가 청년을 포용하는 생태계로 전환되어야 한다. 이를 위해선 '청년몰'이라는 별도 공간에 격리시키는 것이 아니라, 시장 내 상점들과 자연스럽게 어우러질 수 있는 물리적, 사회적 구조 설계가 필요하다. 청년이 단순히 외부에서 온 스타트업 창업자가 아니라, 전통시장의 역사와 맥락 속에서 함께 살아가는 '또 하나의 상인'이 되어야 한다는 뜻이다.

예컨대, 전주 남부시장의 경우, 청년몰 입점자들이 지역 주민, 기존 상인과 함께 공동 프로그램을 기획하고, 지역 축제와 연계된 콘텐츠를 만들어 내면서 점차적으로 시장 생태계에 편입되었다. 이들은 단순히 가게만 운영하는 것이 아니라, 시장의 이미지·운영 방식·이벤트 기획에도 참여하면서 청년 상인이 아닌 시장 사람이 되었다.

이처럼 청년 상인을 하나의 프로젝트로 다루는 것이 아니라, 시장의 미래를 함께 만드는 동등한 파트너로 인정하고 지원하는 구조가 필요하다. 단기 임대 지원보다는 브랜딩, 교육, 유통망 구축, 공동 마케팅 등 전반적 역량 강화에 투자하는 방향으로 정책이 전환되어야 한다.

세대 간 협업 모델과 갈등 조정 장치

세대교체는 단절이 아니라 협업과 전환의 과정이어야 한다. 기존 상인과 청년 상인이 협업하는 모델을 설계하는 일은 단순한 상생의 문제가 아니라, 시장 전체의 경쟁력을 높이는 핵심 전략이 된다.

문제는 현실에서 세대 간 갈등이 종종 드러난다는 점이다. 전통 상인은 청년에게 무경험자나 비상인이라는 인식을 갖고, 청년은 기존 상인을 변화에 저항하는 보수적 집단으로 여긴다. 이러한 인식 차는 단순한 커뮤니케이션 문제를 넘어, 실제 운영 방식과 공간 사용, 마케팅 전략, 고객 응대 방식 등 전반적인 충돌로 이어질 수 있다.

이를 해결하기 위해 필요한 것은 의도적 협업 구조와 갈등 조정 장치다. 먼저, 공동 프로젝트 기반 협업 모델이 필요하다. 예를 들어, 전통 상인과 청년 상인이 함께 기획하는 시즌 이벤트, 공동 마케팅, 상품 패키지 구성 등이 그 사례다. 협업 과정 자체가 관계 개선의 기회가 될 수 있다.

또한, 중재자 역할을 할 수 있는 중간 지원조직이나 시장 매니저가 필요하다. 외부에서 갈등을 객관적으로 조율하고, 교육과 워크숍을 통해 세대 간 인식 차를 줄일 수 있는 구조가 설계되어야 한다. 단순한 컨설팅이 아니라, 세대 통합 커뮤니티를 만들어 지속적으로 대화하고 연결할 수 있는 장치가 중요하다.

실제 성남 모란시장에서는 세대 간 갈등을 줄이기 위해 청년 상인 멘토링 데이를 정례화하고, 기존 상인과 청년이 함께 워크숍을 진행하면서 관계 형성에 집중했다. 단순히 점포 운영 노하우를 전수받는 것을 넘어, 시장에 대한 공통된 이해를 형성하는 시간이 되었다.

청년 상인과의 지속 가능한 파트너십을 만들기 위해 실천 가능한 아이디어를 몇 가지 살펴보면 다음과 같다.

1. 세대 혼합형 점포 시범 운영: 청년 상인과 기존 상인이 함께 운영하거나 공간을 공유하는 형태로 협업 모델을 테스트

2. 시장 공동 브랜드 개발 참여: 청년 상인과 기존 상인이 함께 브랜드 기획에 참여하여 공동의 정체성을 형성

3. 갈등 조정 매니저 배치 및 세대 간 소통 워크숍 정례화: 시장 단위의 커뮤니케이션 메커니즘 구축

4. 청년 상인 전용 역량 강화 프로그램: 단순 창업지원이 아니라 시장 운영과 협업 능력을 포함한 실전 중심 교육

청년은 시장의 미래이며, 기존 상인은 시장의 역사다. 둘이 서로를 이해하고, 인정하며, 함께 일할 수 있는 구조가 만들어질 때, 전통시장은 진정한 세대 전환의 공간으로 다시 태어날 수 있다. 전통시장의 재생은 결국 세대가 함께 만드는 공존의 이야기다.

7.
소비자의 역할: '사는 사람'에서 '살리는 사람'으로

전통시장에 대한 인식 개선

전통시장에 대한 소비자의 인식은 오랫동안 불편하고 낡은 공간으로 고정되어 있었다. 주차가 어렵고, 현금 결제가 번거롭고, 상품 구성이 부족하다는 편견이 여전히 존재한다. 그러나 그 이면에는 시장만이 지닌 고유한 가치인 신선한 식재료, 정겨운 상호작용, 지역의 이야기와 공동체성이 숨겨져 있다. 문제는 이러한 가치가 소비자에게 충분히 전달되지 않았다는 점이다.

최근 몇 년 사이, 이러한 고정관념을 깨기 위한 전통시장 인식 개선 캠페인들이 활발히 전개되고 있다. '전통시장 가는 날', '전통시장 체험 프로그램', '시장 투어'와 같은 참여형 프로그램을 통해 소비자는 시장을 '단순한 구매의 공간'이 아닌, 체험과 만남의 장소로 다시 보게 된다.

특히 온라인 콘텐츠를 활용한 캠페인은 젊은 세대를 중심으로 긍정적인 반응을 얻고 있다. 유튜브 브이로그, SNS 라이브 커머스, 인스타그램 챌린지 등은 시장의 생생한 모습을 실시간으로 전달하며, 소비자와의 심리적 거리감을 좁혀주고 있다. 단순히 물건을 파는 것이 아니라, 시장의 일상과 사람들을 보여주는 이 콘텐츠들은 전통시장을 새로운 방식으로 해석하고 있다.

이러한 캠페인들이 효과를 가지려면, 일회성 이벤트로 끝나지 않고 지역 정체성과 연결된 메시지로 구성되어야 한다. 시장이 어떤 역사와 이야기를 품고 있는지, 어떤 지역의 삶과 맞닿아 있는지를 소비자가 느끼게 될 때, 단순한 소비를 넘어 '살리는 소비'가 가능해진다.

소비자 참여형 마케팅·브랜딩

최근 전통시장에서는 소비자가 단순히 물건을 '사는' 존재를 넘어서, 시장의 변화에 직접 참여하는 파트너로 자리 잡는 사례들이 등장하고 있다.

대표적인 예로 대전 중앙시장의 시장 프로젝트 공모전은 지역 주민과 소비자가 직접 시장 활성화 아이디어를 제안하고 실행하는 방식이다. 소비자가 제안한 시장 굿즈 제작, 로컬 푸드 시식회, 아트워크 페인트 페스티벌 등의 아이디어가 실제 시장 운영에 반영되면서, 소비자는 단순한 손님이 아닌 공동 기획자로 참여하게 되었다.

부산 깡통시장에서는 소비자와 상인이 함께 브랜드를 만들어 가는 실험이 이루어졌다. 특정 점포가 소비자 투표를 통해 새로운 상품명을 정하거나, 시장 로고와 슬로건을 시민 아이디어 공모를 통해 선정하는 방식이다. 이러한 방식은 소비자에게 '내가 만든 시장'이라는 정서적 소속감을 제공하고, 자연스럽게 재방문과 공유를 유도한다.

또한 전주 남문시장에서는 시장 팬클럽을 운영하고 있다. 이 팬클럽은 시장 소식을 뉴스레터로 받고, 시식·체험 행사에 우선 초청되며, 특정 상점의 상품을 사전 예약할 수 있는 혜택을 누린다. 이들은 시장의 단골에서 더 나아가, 브랜드 대사이자 콘텐츠 생산자로 활동하며 시장 홍보의 주체가 되고 있다.

이러한 사례들은 소비자가 전통시장의 구매자에서 활동가, 기획자, 팬으로 변화할 수 있음을 보여준다. 전통시장은 이제 일방적인 상품 판매의 공간이 아니라, 공동 창작의 무대로 진화해야 한다. 소비자의 참여를 유도하는 마케팅과 브랜딩은, 결국 시장의 지속 가능성을 견인하는 중요한 전략이다.

고객이 단순한 소비자에서 시장을 살리는 사람으로 변화하기 위해 적용할 수 있는 방법을 제시하면 다음과 같다.

1. 시장 체험형 콘텐츠 플랫폼 구축: 시장별 특색을 반영한 투어, 쿠킹 클래스, 전통 공예 워크숍 등을 예약·참여할 수 있는 디지털 플랫

폼 운영

2. 전통시장 서포터즈·팬클럽 제도 확대: 자발적 홍보자, 체험단, 콘텐츠 제작자를 조직적으로 지원하는 팬 커뮤니티 운영

3. 소비자 참여형 마케팅 기획단 운영: 시장과 소비자가 공동으로 홍보·이벤트 아이디어를 기획하고 실행하는 구조 설계

4. 시장을 바꾸는 소비 캠페인: 지역 소비가 지역 경제를 살린다는 메시지를 확산하고, 전통시장 이용자에 대한 인센티브 제공

전통시장을 살리는 힘은 상인과 정책에만 달려 있지 않다. 그 공간을 찾고, 경험하고, 이야기하는 소비자가 곧 전통시장의 공동 저자다. '사는 사람'이 '살리는 사람'이 되는 순간, 시장은 단순한 유통 공간을 넘어 지역과 사람을 잇는 살아 있는 문화 공간으로 다시 태어날 것이다.

8.
지역 공동체와의 상생: 시장은 마을의 얼굴이다

마을기업, 사회적 경제 조직과의 연계

　전통시장은 오랜 시간 지역 경제의 중심이자 일상의 기반이었다. 그러나 오늘날의 시장은 단순한 '물건을 사고파는 공간'을 넘어, 지역 공동체와 연결되는 공공적 플랫폼으로 다시 조명받고 있다. 그 중심에는 마을기업, 협동조합, 사회적 기업 등 사회적 경제 주체들과의 연계가 있다.

　사회적 경제 조직은 이윤보다 사회적 가치의 창출에 초점을 맞춘다. 이들은 지역의 일자리, 복지, 교육, 환경 등 다양한 문제를 시장과 연결하여 해결하고자 한다. 예컨대, 서울 종로구의 '통인시장 도시락 카페'는 마을기업과 상인, 지역 주민이 함께 만든 협력 모델이다. 지역 식재료를 활용하고, 청년과 경력 단절 여성을 고용하며, 수익 일부를 지역 복지로 환원하는 구조를 통해 먹거리를 중심으로 한 공동체 플랫폼으로 자리 잡았다.

이처럼 마을기업이 시장 안에 자리 잡으면, 시장은 단순한 상업 공간이 아니라 지역자원을 순환시키는 거점이 된다. 시장과 사회적 경제 조직이 연결될 때, 돌봄 서비스, 청년 일자리, 노인 활동, 친환경 유통 등 다양한 공공 서비스가 시장을 통해 전달될 수 있다.

정책적으로도 이런 연계를 확산시키기 위한 제도적 지원이 필요하다. 시장을 사회적 경제 조직의 입점·활동 공간으로 활용할 수 있도록 공간을 리모델링하고, 공동 운영 기구를 통해 상인과 조직 간 의사결정 구조를 만드는 것이 중요하다.

돌봄, 교육, 문화와 연결되는 시장

시장은 오래전부터 지역 주민의 만남의 장소였다. 하지만 점차 소비 중심으로 구조화되면서 시장은 생활의 중심에서 멀어졌다. 오늘날 전통시장이 다시 지역 공동체의 중심으로 자리 잡기 위해선, 돌봄·교육·문화 기능과의 접목이 필수적이다.

예를 들어, 경남 진주의 중앙시장은 시장 내 유휴 공간을 활용해 어르신 사랑방, 아이 돌봄 방, 지역아동센터 등으로 전환하는 실험을 진행했다. 이 공간들은 단순한 편의시설이 아니라, 상인과 주민이 일상적으로 마주치고 관계를 맺는 생활 접점으로 작동한다. 시장은 더 이상 장 보러 가는 곳이 아니라, 마을 사람들을 만나는 곳이 되는 것이다.

또 다른 사례로, 광주 양동시장에서는 인근 초·중학교와 연계한 시장 체험형 교육 프로그램을 운영하고 있다. 아이들이 상인에게 직접 물건을 사고, 전통 음식 만들기를 체험하며, 시장의 역사와 문화를 배운다. 이는 단순한 견학이 아니라, 세대 간 기억을 잇는 교육의 장으로 기능한다.

문화적으로도 시장은 잠재력이 크다. 지역 예술가들이 참여한 마켓 공연, 시장 벽화 프로젝트, 플리마켓 등은 시장에 새로운 정체성을 부여한다. 전북 군산 공설시장의 '시장예술극장'은 상가 한편을 공연장으로 리모델링해, 주민과 상인이 함께 문화생활을 누릴 수 있는 공간으로 탈바꿈한 사례다.

이러한 시도들은 전통시장이 단순히 물건을 거래하는 곳이 아니라, 지역 삶이 모이고 순환되는 생활 플랫폼으로 기능할 수 있음을 보여준다.

이러한 사례들을 참고하여 시장에서 실천 가능한 아이디어를 정리해 보면 다음과 같다.

1. 전통시장 내 사회적 경제 활동 공간 지정: 마을기업, 협동조합, 돌봄 조직 등 사회적 가치 중심 조직의 입점과 활동을 위한 공간 배정 및 리모델링 지원

2. 시장 커뮤니티 허브 조성 사업: 유휴 공간을 주민 돌봄, 배움, 여

가 공간으로 활용할 수 있도록 지원

3. 지역 교육기관과 연계한 시장 체험 프로그램 운영: 초중고와 연계한 정기적 교육 커리큘럼에 시장 체험 포함

4. 문화예술 활동과 연계한 시장 문화 주간 기획: 지역 예술가, 주민과 함께하는 공연, 전시, 이야기 행사 등을 시장에서 개최

시장은 단지 물건을 사고파는 곳이 아니다. 그것은 지역 주민이 함께 살아가는 방식과 속도를 드러내는 얼굴이다. 시장과 마을이 서로를 필요로 하고, 지지할 수 있을 때, 시장은 진정한 공동체 경제의 중심으로 거듭난다. 시장다운 시장이란 결국, 지역과 함께 숨 쉬는 공간이라는 뜻이다.

9. 디지털과 지속 가능성의 접점 찾기

스마트 기술의 도입을 넘어 실질적 효용 중심

전통시장의 디지털 혁신은 더 이상 선택이 아닌 필수로 다가오고 있다. 스마트 기술을 통한 효율성 증대나 고객 맞춤형 서비스 제공 등은 이제 많은 시장에서 시도되고 있지만, 그 효과를 실질적으로 체감하기 위한 전략이 필요하다. 전통시장이 디지털을 제대로 활용하기 위해서는 단순한 기술 도입이 아닌, 실질적인 효용성을 고려한 접근이 중요하다.

예를 들어, 스마트 POS 시스템 도입을 통해 상인들은 상품 관리와 결제 시스템을 자동화하고, 소비자는 결제 편의성을 높일 수 있다. 하지만 이를 넘어서는 혁신적 접근이 필요하다. AI 기반 재고 관리 시스템이나 빅데이터 분석을 통한 소비 트렌드 파악 등은 상인들에게 시장의 변화에 대응할 수 있는 지혜를 제공할 수 있다. 데이터 기반으로 고객의 구매 패턴을 분석하고, 이를 통해 상인들이 인기 상품을 적시에

보충하면 매출 증대가 가능하다. 이처럼 디지털 기술이 가져올 수 있는 변화는 단순히 편리함을 넘어서, 상인들이 시장에 대한 깊은 통찰을 얻을 수 있는 기회를 제공한다.

또한, 스마트 화폐 시스템이나 QR코드 결제 시스템과 같은 비대면 결제는 시장 내 거래의 효율성을 높여주고, 현금을 주로 사용하는 전통시장에서의 결제 방식을 변화시킬 수 있다. 이러한 기술들은 시장의 젊은 고객층을 유입시키는 데 중요한 역할을 하며, 시장 내 상인들에게도 경쟁력을 부여한다.

그러나 기술 도입이 그 자체로 목표가 되어서는 안 된다. 상인들의 디지털 교육과 적극적인 참여가 동반되지 않으면, 기술은 단기적인 효율성 향상에 그칠 수 있다. 기술을 통해 소비자의 경험을 향상시키는 동시에, 상인들의 지속적인 교육을 통해 기술 활용 능력을 배양하는 방식이 중요하다.

친환경, 제로 웨이스트 등 ESG 연계 가능성

디지털 기술의 도입만큼 중요한 것은 지속 가능한 발전이다. 전통시장이 환경과 사회적 책임을 다하는 ESG(환경, 사회, 지배구조) 경영에 어떻게 기여할 수 있을지에 대한 고민은, 앞으로 시장의 지속 가능성을 결정짓는 중요한 요소로 자리 잡을 것이다.

먼저 친환경적인 시장 운영은 상인과 소비자 모두에게 중요한 가치로 자리 잡고 있다. 시장에서 판매되는 상품들이 친환경 포장을 사용하거나, 제로 웨이스트 운동과 결합된 방식으로 운영된다면, 이는 시장에 대한 소비자들의 신뢰를 높이고, 지속 가능한 소비를 촉진하는 데 기여할 것이다. 실제로 부산의 자갈치시장에서는 시장 내 포장재를 친환경 소재로 교체하고, 재활용 캠페인을 통해 소비자들이 적극적으로 참여하도록 유도하는 등의 노력을 기울였다.

또한, 스마트 기술을 활용한 에너지 관리 시스템 도입은 전통시장의 에너지 효율성을 극대화하는 데 중요한 역할을 할 수 있다. 예를 들어, IoT 기반의 에너지 관리 시스템을 통해 전등, 냉난방 시스템을 자동으로 제어하고, 에너지 낭비를 줄이는 방식은 전력 소비를 줄이고 비용을 절감하는 효과를 가져올 수 있다. 이러한 노력은 환경 보호와 함께 시장 운영의 경제성을 높이는 효과적인 방법이 된다.

더 나아가, 사회적 기업과 협력하는 방법도 중요하다. 지속 가능한 상품을 제공하는 사회적 기업과의 협업을 통해 전통시장은 윤리적 소비와 공정 무역을 실현할 수 있다. 예를 들어, 지역 농산물을 판매하는 상인들은 농민들과 협력하여 윤리적인 농업 방식을 촉진하고, 이를 통해 시장이 사회적 가치를 창출하는 공동체의 중심이 될 수 있다.

디지털과 지속 가능성을 고려한 실천 방안을 정리해 보면 다음과 같다.

1. 친환경 포장 캠페인: 전통시장에서 사용되는 플라스틱 포장을 대체할 수 있는 친환경 재료를 제공하는 프로그램 운영

2. 디지털 인프라 확충: 상인들이 스마트 기술을 활용할 수 있도록 디지털 교육 및 기술 지원 프로그램 강화

3. 스마트 에너지 관리 시스템 도입: 시장 내 에너지 효율성을 높이기 위한 IoT 기반 관리 시스템 설치 및 운영 지원

4. 사회적 경제 연계 프로젝트 개발: 지역사회적 기업과의 협업을 통해 지속 가능한 상품을 시장 내에서 판매하고, 윤리적 소비 문화 조성

5. 제로 웨이스트 시장 만들기 프로젝트: 시장 내에서 발생하는 쓰레기 감축을 위한 캠페인과, 재활용 시스템 구축

디지털 기술과 지속 가능성은 전통시장의 미래 성장 가능성을 높이는 중요한 축이다. 기술이 단순히 '효율성'만을 추구하는 것이 아니라, 환경적·사회적 가치를 창출할 수 있도록 연결될 때, 전통시장은 그 자체로 지속 가능한 경제 모델로 거듭날 수 있다. 디지털과 지속 가능성의 접점에서, 전통시장은 새로운 변화를 이끌어가는 중심으로 다시 태어날 것이다.

10.
지속 가능한 시장을 위한 조건: 생존을 넘어 생태계로

단편적 성공이 아닌 구조적 전환

전통시장이 직면한 가장 큰 과제 중 하나는 단기적인 생존에 집중하는 경향이 강하다는 점이다. 많은 시장들이 다양한 지원 정책과 홍보 전략을 통해 단기적인 성과를 거두고 있지만, 지속 가능한 발전을 위한 구조적 전환은 아직 미흡한 상황이다. 전통시장이 단순히 몇 년간의 지원금이나 프로모션을 통해 변화하는 것은 한계가 있다. 전통시장이 진정으로 지속 가능하고 경쟁력 있는 경제 모델로 자리 잡기 위해서는, 구조적 전환을 통해 더 깊고 근본적인 변화를 이끌어 내야 한다.

구조적 전환이란, 시장의 운영 방식과 경제적 가치, 상인들의 역할, 그리고 소비자와의 관계까지 포괄하는 전반적인 변화를 의미한다. 이 변화는 단지 인프라 개선이나 기술 도입에 그치는 것이 아니라, 문화적 변화, 사회적 책임을 담보로 한 경제적 가치 창출이 결합된 통합적 접근을 필요로 한다. 전통시장은 이제 과거의 방식에 머무는 것이 아니라, 미래 지향적인 지속 가능한 발전 모델로 전환해야 한다. 전통시장이 과거의 명성을 이어가고, 그 이름을 계속 부를 수 있는 이유는 바로 이 변화의 과정에 있다.

전통시장, 그 이름을 계속 부를 수 있게 하려면

'전통시장'이라는 이름은 문화적 가치와 사회적 의미를 지닌 귀중한 자산이다. 그러나 이 이름이 미래에도 여전히 긍정적인 이미지로 기억되기 위해서는, 전통시장이 과거의 유산에만 의존하지 않고, 현대적인 혁신을 통해 새롭게 재구성되어야 한다. 전통시장이란 이름을 계속 부를 수 있도록 하기 위해서는 시장의 모든 요소가 현대적이고 지속 가능한 방식으로 재정립되어야 한다. 그렇지 않으면 전통시장은 단기적인 유행에 그치고, 결국 소멸의 길을 걷게 될 위험이 있다.

첫째, 상인들의 주도적인 변화가 필요하다. 전통시장은 상인들의 공동체가 중심이 되어 운영되기 때문에, 시장의 혁신은 반드시 상인들이 주도해야 한다. 상인들이 스스로 기획하고 운영하는 시스템을 만들 때, 시장의 지속 가능성이 보장된다. 이를 위해서는 상인들의 역량 강화가 필요하다. 디지털 기술을 활용한 효율적인 운영 시스템, 온라인과 오프라인의 융합, 그리고 소셜 미디어를 활용한 마케팅 전략 등을 통해 상인들이 현대적 시장에 적합한 방법을 배워야 한다. 예를 들어, 시장 내에서 온라인 쇼핑몰과 연계해 소비자들이 오프라인과 온라인을 넘나들며 구매할 수 있는 환경을 제공하는 것이다.

둘째, 지역사회와의 유기적 연결이 필수적이다. 전통시장은 지역 경제와 문화의 중심으로서 기능할 때, 그 이름이 지속적으로 부를 수 있는 가치를 갖게 된다. 시장은 단순히 상업적 공간이 아니라, 지역사회의 문화적 중심지로 자리 잡아야 한다. 로컬 푸드, 지역 예술과의 협업, 그리고 마을기업과의 상생은 시장의 지역성과의 연계를 강화하는 좋은 예가 될 수 있다. 또한, 지역 주민들의 참여를 유도하는 다양한 프로그램을 통해 시장은 지역 공동체의 상징으로 자리 잡을 수 있다.

셋째, 지속 가능한 경제 모델을 채택해야 한다. 전통시장이 지속 가능하게 발전하기 위해서는 친환경적 운영이 필수적이다. 제로 웨이스트 운동이나 친환경 포장재 도입, 재활용 시스템 구축 등은 시장의 환경적 책임을 다하는 중요한 방식이다. 예를 들어, 부산 자갈치시장은 시장 내에서 친환경 포장재 사용을 의무화하고, 쓰레기 분리배출 캠페인을 통해 소비자와 상인이 함께 지속 가능한 소비 문화를 만들어 가고 있다. 이러한 변화는 소비자들의 긍정적인 이미지를 끌어내며, 시장에 대한 신뢰와 애정을 증대시킨다.

넷째, 디지털 혁신을 통한 편리함과 접근성 향상이 중요하다. 전통시장은 스마트 시장으로의 변화를 이끌어 가야 한다. 디지털 기술의 도입은 효율적인 운영을 위한 기본적인 수단이 될 수 있으며, 이를 통해 시장의 경쟁력을 높일 수 있다. 모바일 결제 시스템, 스마트 POS 시스템, 온라인 쇼핑몰과의 연결 등은 전통시장이 현대적인 유통 채널로 거듭나는 중요한 방식이다. AI와 빅데이터를 활용하여 소비자의 구매 패턴을 분석하고, 이를 기반으로 상품 배치와 재고 관리를 최적화하는 것도 중요한 전략이 될 수 있다.

이를 위해 실천 가능한 몇 가지 실천 방안을 제시하면 다음과 같다.

1. 전통시장 혁신 프로젝트 지원: 상인들이 주도하는 시장 혁신 아이디어 공모전, 혁신적 기술 도입 지원, 교육 프로그램을 통한 상인 역량 강화

2. 디지털 전환을 위한 인프라 지원: 스마트 결제 시스템, 재고 관리 시스템, 온라인 쇼핑몰과의 연계를 위한 인프라 구축

3. 친환경 정책 강화를 위한 지원: 친환경 포장재 전환, 제로 웨이스트 캠페인, 에너지 효율적인 기술 도입을 위한 정부 지원

4. 지역 경제와의 연계를 위한 플랫폼 구축: 지역 농산물, 예술가와 협력한 제품 개발, 지역사회적 기업과의 상생 프로그램 추진

5. 전통시장 문화 프로그램 개발: 시장 내 문화예술 공간을 활성화하고, 주민들과 함께하는 문화 축제, 체험 프로그램 등을 기획하여 시

장을 문화적 중심지로 만든다.

　전통시장이 단기적인 생존을 넘어 지속 가능한 발전을 이뤄내기 위해서는, 구조적 전환이 필수적이다. 디지털 기술과 지속 가능한 경제적 모델을 통해 시장의 기본적인 기능을 혁신하고, 상인들과 소비자, 지역사회가 협력하여 지속 가능한 생태계를 만들어 갈 때, 전통시장은 그 이름을 계속 부를 수 있는 가치 있는 문화적 자산으로 거듭날 것이다.

11.
전통시장의 미래: 생존을 넘어 진화로

"전통시장은 더 이상 과거의 유산이 아니다. 그 변화는 지금도 진행 중이다"

한때 도시의 중심이자 삶의 리듬을 이루던 전통시장은 대형 마트와 온라인 쇼핑의 거센 물결 앞에서 흔들려 왔다. 그러나 모든 전통시장이 몰락하는 것은 아니다. 오히려 생존 가능성이 높은 시장 유형과 새롭게 진화하는 방향성이 뚜렷이 드러나고 있다. 지금은 전통시장을 '살릴 것인가, 말 것인가'의 문제가 아니라 '어떻게 새롭게 자리매김할 것인가'의 질문을 던져야 할 시점이다.

특화시장의 강점: 생존 그 이상의 가능성

전통시장 중에서도 지역 특산물을 기반으로 한 시장, 농수산물 도매

시장과 같은 기능형 시장은 비교적 생존 가능성이 높다. 이들 시장은 단순히 물건을 파는 곳이 아니라, 지역의 생산과 소비를 연결하는 거점이다. 예를 들어, 수산물 시장, 한우 시장, 인삼 시장 등은 특정 품목에 대한 명확한 정체성을 바탕으로 외부 관광객 유입은 물론 온라인 판매와 연계한 유통 다각화를 시도하고 있다.

이러한 시장은 콘텐츠 그 자체로 경쟁력을 갖는다. 더불어 농민·어민·도매상인과의 직거래 구조를 통해 품질에 대한 신뢰가 형성되고, 로컬 푸드에 대한 소비자 수요가 증가하면서 중간 유통 구조의 단순화와 가격 경쟁력 확보도 가능해진다. '특화'는 단순한 포장 전략이 아니라 생존의 핵심이다.

종합시장의 변화: 생활밀착형에서 복합 공간으로

반면 생활밀착형 종합시장의 경우, 생존을 위해 기능 전환이 불가피하다. 이미 많은 소비자는 생활용품·식재료·잡화 등을 구입하기 위해 대형 마트나 온라인 플랫폼을 활용하고 있다. 이런 상황에서 전통 종합시장이 예전의 역할을 고수하는 것은 실효성이 떨어진다. 하지만 이 시장들이 가진 접근성과 친숙함이라는 자산을 바탕으로 재구성을 시도한다면, 또 다른 가능성이 열린다.

우선, 중형 규모의 동네형 마트로의 전환이 하나의 흐름이 될 수 있다. 이 모델은 전통시장의 원스톱 쇼핑 기능을 살리되, 정기 배송, 당일 배달 등의 디지털 인프라를 결합한 형태다. 실제로 일부 지자체는 배달 서비스와 연계한 스마트 마켓 시범 사업을 추진하고 있으며, 이는 고령자나 1인 가구 등 시장의 전통적 고객층과도 잘 맞는다.

또 하나의 방향은 음식점 밀집형 공간으로의 개편이다. 이미 몇몇 전통시장에서는 식도락 관광지로서의 정체성을 구축하고 있다. 서울의 광장시장, 통영의 중앙시장, 대구의 서문야시장 등이 대표적 사례다. 음식은 그 지역의 문화를 느끼게 하는 가장 직관적인 콘텐츠이며, 이는 MZ 세대와 외국인 관광객의 수요와도 맞닿는다. 전통시장 안의 작은 식당들이 지역 맛집으로 재조명되면서 과거와 전혀 다른 방식으로 시장에 활력을 불어넣고 있다.

미래의 전통시장: 선택과 집중, 그리고 연결

전통시장의 미래는 결국 선택과 집중에 달려 있다. 지역의 자원을 기반으로 차별화된 정체성을 구축할 것인가, 아니면 변화된 생활양식에 맞춰 새로운 기능을 도입할 것인가. 모든 시장이 모든 것을 다 잘할 수는 없다. 각 시장이 처한 조건과 고객층, 상인조직의 역량 등을 분석하고, 가장 적합한 방향성을 설정해야 한다.

더 나아가 중요한 것은 연결이다. 오프라인의 물리적 한계를 넘어, 디지털과의 접점을 확장해야 한다. 온라인 장보기, 라이브 커머스, 지역 기반 배달 앱 등의 기술은 더 이상 추가 옵션이 아니라, 시장의 지속가능성을 좌우할 기본 인프라다. 동시에 지역 커뮤니티와의 연계를 통해 복지형 점포, 청년 창업 공간, 주민 교육장 등 복합 기능의 커뮤니티 허브로도 전환이 가능하다.

전통시장의 미래는 과거로부터 단절되는 것이 아니다. 오히려 고유한 장소성과 공동체적 가치 위에 새로운 역할과 기능을 덧입히는 것이다. 생존을 넘어 진화하는 전통시장. 그 길은 이미 시작되었으며 지금 우리가 그 설계자가 되어야 할 시간이다.

12.
전통시장 활성화: '함께'의 힘으로 미래를 열다

흔히들 전통시장은 그 지역의 오랜 역사와 정서, 그리고 사람 냄새가 깃든 곳이라 말한다. 정겨운 상인의 인사, 살아 있는 흥정 문화, 골목마다 풍겨오는 음식 냄새는 단순한 쇼핑 이상의 가치를 지니며, 지역 주민들에게는 삶의 일부로 자리 잡고 있다. 그러나 최근 수십 년간 유통 환경의 급격한 변화는 전통시장에 큰 도전을 안겨주고 있다. 온라인 쇼핑의 급성장, 대형 마트와 프랜차이즈의 무분별한 확산, 소비 트렌드의 변화 등은 전통시장을 점점 더 어렵게 만들고 있다.

이러한 위기를 극복하고 전통시장을 다시 활기찬 공간으로 되살리는 데 있어 가장 중요한 힘은 상인들의 '함께'하는 힘, 즉 결집과 응집이다. 단순히 한두 사람의 노력만으로는 변화의 물결을 이겨낼 수 없다. 시장이라는 공동체 전체가 하나로 묶이고, 공동의 목표를 향해 나아갈 때 비로소 지속 가능한 발전이 가능하다.

물론 한 명 한 명의 상인이 보여주는 개성과 역량, 친절한 서비스, 신선한 상품은 전통시장의 경쟁력이자 소비자의 발길을 붙들기 위한 중요한 요소다. 하지만 이는 출발점일 뿐이다. 시장 전체가 살아나기 위해서는 단일 점포의 성공이 아닌 전체 시장의 경쟁력이 높아져야 하며, 이는 상인들의 협력과 공동의 노력이 바탕이 되어야 한다. "빨리 가려면 혼자 가고, 멀리 가려면 함께 가라"는 아프리카 속담은 전통시장의 오늘과 내일을 생각할 때 특히 큰 울림을 준다.

전통시장이 활성화되기 위해서는 강력하면서도 따뜻한 리더십이 반드시 필요하다. 상인회장과 임원진들은 단순한 대표나 의사결정권자 이상의 역할을 해야 한다. 상인 간의 다양한 목소리를 조율하고, 공통의 비전을 제시하며, 때로는 갈등을 중재하는 리더십은 전통시장의 변화와 도약을 이끄는 동력이다. 특히 최근에는 시장을 운영하는 데 있어 비즈니스 마인드와 경영 전략도 요구되고 있으며, 이러한 전문성 또한 리더에게 중요한 덕목이다. 투명한 소통과 신뢰 형성은 시장 구성원들이 서로를 믿고 따라갈 수 있는 토대를 마련해 준다.

상인의 응집력 강화를 위한 조직적 기반도 중요하다. 최근 몇 년간 등장한 '청년 상인회'는 전통시장에 새로운 활력을 불어넣고 있다. 젊은 상인들은 디지털 환경에 익숙하며, SNS 홍보, 라이브 커머스, 브랜드 마케팅 등 최신 유통 트렌드를 적극 도입해 시장의 변화를 이끌고 있다. 특히 스토리텔링을 가미한 상품 개발, 전통과 현대가 어우러진 테마형 이벤트, 체험형 콘텐츠는 젊은 소비자층과의 접점을 넓히는 데 크게 기여하고 있다. 이들은 단순히 젊은 인력이라는 데 그치지 않고, 전통시장이라는 오래된 공간에 새로운 감각을 불어넣는 역할을 하고 있다.

오랜 세월 시장을 지켜온 부녀회 또한 여전히 중요한 역할을 하고 있다. 시장의 어머니와 같은 부녀회는 상인들 간의 유대를 강화하고, 정이 넘치는 공동체 문화를 유지하는 데 기여하고 있다. 특히 청결 활동, 고객맞이 운동, 소외계층 지원, 지역사회 연계 행사 등에서 부녀회의 존재감은 여전히 크다. 전통시장에 있어 부녀회는 단순한 조직을 넘어 정서적 기반이자 신뢰의 중심이다.

여기에 더해 취미 기반의 소모임이나 동호회 활동은 시장 내 소통을 더욱 활발하게 만든다. 등산, 사진, 음악, 봉사활동 등 공통의 관심사를 중심으로 한 모임은 상인들 간의 친목을 도모하고, 일상의 스트레스를 해소하며, 나아가 협동심과 공동체 의식을 높이는 데 큰 역할을 한다. 이는 전통시장이 단순한 생계의 공간을 넘어, 상인들 스스로가 정서적 안정을 찾고 사람 사이의 정을 나누는 삶의 공간으로 기능하게 만든다.

이처럼 상인의 다양한 조직과 자발적인 모임, 그리고 그 안에서 이루어지는 끊임없는 소통과 협력이 전통시장 활성화의 핵심이다. 경쟁자가 아닌 동료로, 때로는 가족처럼 서로를 의지하고 돕는 문화가 자리 잡을 때 시장은 더 강해지고, 변화의 파고에도 흔들림 없이 나아갈 수 있다.

전통시장을 되살리는 일은 상인들만의 과제가 아니다. 지자체와 중앙정부, 지역 주민, 시민단체 등 사회 전반의 협력과 관심 또한 절실하다. 정책적 지원, 기반 시설 확충, 문화행사 유치, 관광 자원과의 연계 등도 함께 이루어질 때 전통시장은 더 큰 가능성을 열 수 있다. 또한 소비자들의 관심과 발걸음은 전통시장에 생명을 불어넣는 가장 직접적인 힘이다. 우리가 자주 찾고, 응원하고, 함께하는 시장이 곧 우리 지역사회의 활력소가 되는 것이다.

전통시장의 활성화는 단순한 경제 문제가 아니다. 그것은 지역의 문화와 공동체, 사람의 정서를 지켜내는 일이다. 상인들이 하나 되어 함께 나아갈 때, 그리고 우리 모두가 이 길에 함께 동행할 때, 전통시장은 단지 과거의 유산이 아닌, 미래를 여는 희망의 공간으로 다시 설 수 있다.

4부

전통시장 활성화 실천 가이드

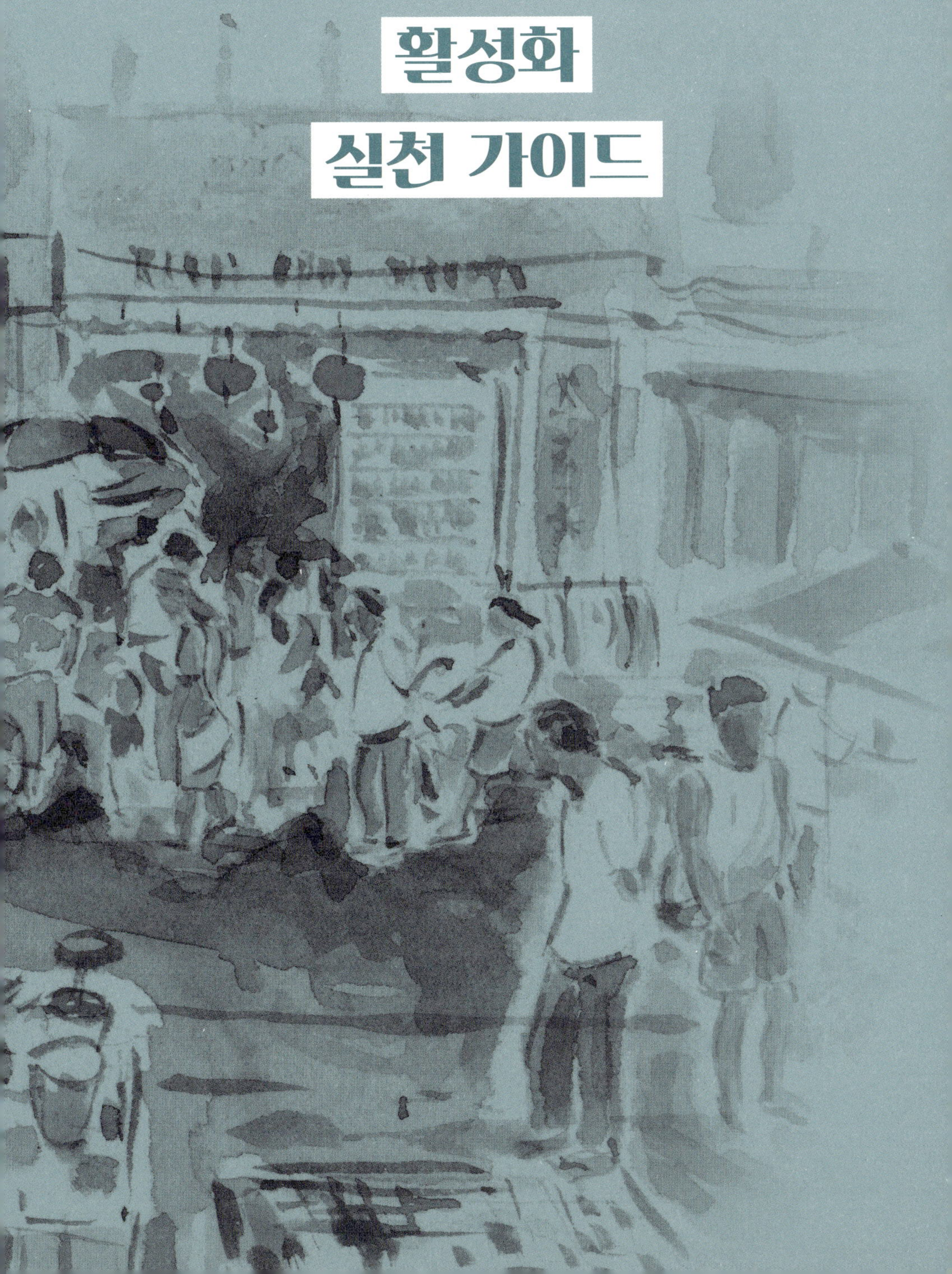

1.
전통시장의
디지털 변환:
새로운 기회의 시작

디지털 시장 환경의 이해

 디지털 전환은 이제 전통시장에도 생존을 위한 필수 전략으로 자리 잡았다. 오랜 시간 동안 지역 공동체의 생활 중심지였던 전통시장이지만, 대형 마트와 온라인 쇼핑몰의 등장, 그리고 팬데믹으로 인한 비대면 소비 일상화는 시장의 근간을 흔들었다. 특히 2020년 이후 비대면 경제가 본격화되면서, 전통시장은 고객과의 접점을 급격히 잃었고, 그만큼 매출 하락과 상인 고령화 문제가 더욱 가속화되었다.

 이제 시장 상인에게 디지털은 더 이상 낯선 단어로 머물러선 안 된다. 디지털 시장 환경을 이해한다는 것은 단순히 온라인에 상품을 등록하는 수준을 넘어서야 한다. 이는 곧, 소비자의 라이프 스타일 변화와 구매 방식의 근본적 전환을 읽고 대응하는 능력을 말한다. 예를 들어, 요즘 소비자는 물건을 구매하기 전에 유튜브 리뷰나 SNS에서 사용

후기를 참고한다. 신뢰할 수 있는 정보를 제공받기 위해서는 텍스트보다 영상, 영상보다 '사람의 말'을 중요하게 생각하는 흐름이 있다. 이러한 트렌드는 라이브 커머스나 인스타그램, 틱톡과 같은 실시간, 감성 기반의 채널이 각광받는 이유이기도 하다.

전통시장이 이 흐름을 포용하기 위해서는 먼저 디지털 소비 구조를 이해하고, 그에 걸맞은 상품 콘텐츠와 판매 전략을 설계해야 한다. 예를 들어 '오늘 아침 수확한 나물', '당일 도축된 신선한 고기', '오래된 방식으로 직접 담근 장류' 같은 전통시장의 강점을 키워드로 삼아, 플랫폼 맞춤형 콘텐츠로 구성하는 것이 중요하다. 상품의 가격이나 성능이 아닌, 이야기와 사람에 기반한 진정성이 경쟁력이 되는 시대이기 때문이다.

온라인 판매와 오프라인 판매의 융합 전략

전통시장의 온라인 진출은 오프라인을 대체하기 위한 것이 아니라, 두 유통 채널 간의 상호 보완을 위한 전략이어야 한다. 이를 가능하게 만드는 개념이 바로 O2O(Online to Offline) 전략이다. 이는 온라인에서 고객과의 첫 접점을 만들고, 궁극적으로 오프라인 방문과 경험으로 이어지도록 유도하는 모델이다. 예를 들어 고객이 온라인으로 미리 주문하거나 예약한 뒤, 전통시장에 직접 방문하여 물건을 찾는 방식은 시장 방문을 자연스럽게 유도한다. 동시에 현장에서 다양한 상품을 직접 보고 구매하게 만드는 추가 소비 효과도 기대할 수 있다.

최근에는 전통시장 장보기 앱이나 동네 마켓 배달 플랫폼이 확산되며 전통시장의 상품이 온라인에서 손쉽게 소비자에게 도달할 수 있는 환경이 마련되고 있다. 서울의 한 시장은 지역 기반 배달 서비스와 연계해 시장 안에서 고른 식재료를 2시간 이내에 집으로 배달하는 서비스를 도입했는데, 특히 맞벌이 가정이나 1인 가구에게 높은 호응을 얻고 있다. 이처럼 온라인 플랫폼은 접근성을 높여줄 뿐 아니라, 시간과 공간의 제약을 넘어서 새로운 소비층을 확보할 수 있는 창구가 된다.

또 하나 주목할 지점은 라이브 커머스(Live Commerce)다. 이는 실시간 영상 스트리밍을 통해 상품을 소개하고 판매하는 방식으로, 고객과의 즉각적인 소통이 가능한 채널이다. 특히 전통시장은 정서적 신뢰가 중요한 판매 환경이기에, 상인이 직접 등장해 상품을 소개하고 요리 팁을 알려주는 등 '사람 냄새 나는' 방송이 큰 효과를 거둘 수 있다. 전주의 남부시장은 청년 상인들이 주축이 되어 라이브 커머스를 정기적으로 운영하면서 젊은 고객층의 유입에 성공했다. 이들은 전통시장에서 흔히 볼 수 있는 반찬가게, 생선가게, 떡집 등을 순번제로 소개하며, SNS 해시태그 이벤트나 즉석 할인 이벤트 등으로 구매를 유도했다.

디지털 기술과 오프라인 감성을 연결하는 또 다른 전략은 체험 중심의 매장 구성이다. 단순히 상품만 진열하는 매장이 아니라, 조리 체험, 시식 코너, 전통문화 전시 등 고객이 경험할 수 있는 공간으로 시장을 재해석해야 한다. 이런 변화는 온라인으로 유입된 고객이 오프라인에서 머무는 시간을 늘리고, 재방문을 유도하는 데 중요한 역할을 한다.

결국 전통시장의 디지털 전환은 단기적인 매출 증대를 위한 수단을 넘어, 장기적인 생존과 성장을 위한 구조적 변화다. 변화는 어렵고 낯설지만, 한 걸음씩 준비하고 실천한다면, 디지털 기술은 시장을 떠난 고객을 다시 불러들이는 새로운 다리가 되어줄 것이다. 핵심은 기술 자체보다 그것을 활용하는 사람의 자세, 즉 변화하겠다는 의지에 있다.

2.
온라인 판매 전략, 라이브 커머스 활용법 등 디지털 마케팅 전략

디지털 환경에서 전통시장의 경쟁력을 강화하기 위해서는 단순한 온라인 진출을 넘어, 체계적이고 지속 가능한 온라인 판매 전략과 고객과의 신뢰를 구축하는 디지털 마케팅 역량이 요구된다. 특히 오늘날 소비자는 단순한 상품 구매를 넘어 '경험', '스토리', '가치' 있는 소비를 추구한다. 이에 따라 전통시장 상인들은 자신만의 콘텐츠를 가지고 고객과 소통하며 관계를 형성해 나가야 한다.

온라인 판매 전략: 성공의 기본을 세우다

성공적인 온라인 판매를 위한 첫걸음은 적합한 플랫폼 선택이다. 대표적으로 네이버 스마트스토어, 쿠팡 마켓플러스, 11번가, 배민상회, 오아시스 마켓 등이 있으며, 전통시장 상인은 자신이 판매하려는 품목과 고객층, 배송 가능 범위 등을 고려하여 맞춤형 플랫폼을 선택해야 한다. 예를 들어, 농수산물이나 반찬류처럼 신선도 유지가 중요한 품목은 당일 배송이 가능한 플랫폼과의 연계가 중요하고, 오래 두고 먹는 전통 장류나 수공예품 등은 전국 단위의 일반 커머스 플랫폼을 활용해도 무방하다.

다음으로 중요한 것은 제품 콘텐츠화다. 온라인 소비자는 직접 상품을 만져볼 수 없기에, 사진과 설명이 전부다. 촬영 시에는 상품의 주요 특징이 잘 드러나도록 다양한 각도와 조명 아래 촬영하고, 가능하면 상인이 직접 등장하여 손에 들고 설명하는 장면을 포함시키는 것이 좋다. 설명문에는 단순한 정보 나열이 아닌, '왜 이 상품이 특별한지', '어디서 어떻게 생산되었는지', '어떤 손맛이 담겨 있는지' 등 스토리텔링 방식의 서술이 구매 전환율을 높인다.

또한 정기적인 상품 업데이트와 시즌 기획전도 필요하다. 예를 들어, 명절 선물 세트, 김장철 맞춤 재료 패키지, 봄나물 특집 등 시즌성 콘텐츠를 기획하고, SNS나 문자 메시지, 단골 고객 채널 등을 통해 미리 예고하면 고객의 기대감을 자극할 수 있다. 기존 오프라인 단골을 온라인 단골로 전환하기 위한 쿠폰 발행, 1+1 행사, 리뷰 이벤트 등도 함께 운영하는 것이 효과적이다.

라이브 커머스 활용법: 신뢰와 소통의 무기

라이브 커머스는 특히 전통시장의 친근함과 상인의 진짜 이야기를 전할 수 있는 가장 효과적인 채널 중 하나다. 네이버 쇼핑라이브, 카카오 쇼핑라이브, 유튜브, 인스타그램 라이브 등 다양한 채널에서 실시간 방송이 가능하며, 준비 단계에서부터 철저한 기획이 필요하다.

첫째, 라이브 커머스는 '방송'이 아니라 '소통'이다. 일방적으로 상품을 소개하기보다, 시청자의 실시간 질문에 답하고 사용 팁이나 레시피를 제공하는 등 적극적인 상호작용이 중요하다. 방송 전 SNS나 문자 등을 통해 '예고 알림'을 발송하고, 방송 중에는 실시간 할인, 무료 배송, 추첨 이벤트 등 참여 유도를 위한 장치를 마련해야 한다.

둘째, 콘텐츠 기획의 차별화가 성패를 좌우한다. 단순한 상품 소개에서 나아가, 시장의 풍경을 보여주고, 상인들의 일상을 소개하거나, 요리 시연, 고객 후기 소개, 협업 스토리를 담는 등 차별화된 포맷을 고민해야 한다. 예를 들어 반찬가게의 경우, 매주 특정 요일에 '시장 밥상 라이브'를 진행하며, 이날 판매하는 반찬으로 만든 집밥 한 상을 방송에서 직접 보여주면 높은 판매율을 기록할 수 있다.

셋째, 협업을 통한 공동 방송도 고려할 만하다. 상인 혼자 하기 어려운 경우, 청년 상인, 시장 상점가, 로컬 크리에이터들과 협업해 공동 라이브를 기획하면 부담을 줄이면서 시너지 효과를 낼 수 있다. 예를 들어 청년 상인 협의체와 함께 시장 라이브를 열어, 매주 주제를 바꿔가며 다양한 점포를 소개하고 공동 프로모션을 진행한다면 개별 점포 대비 시청자 수가 증가하고 재방문율도 크게 향상될 수 있다.

디지털 마케팅 전략: 시장의 브랜드를 만드는 법

온라인에서의 마케팅은 단순한 광고가 아니다. 상점 자체를 하나의 브랜드로 키워나가는 과정이다. 이를 위해서는 먼저 소셜 미디어 운영이 기본이다. 인스타그램, 블로그, 카카오 채널 등을 통해 매장 소식, 신상품, 할인 이벤트, 고객 후기 등을 정기적으로 공유해야 한다. 특히 감성적인 사진과 진솔한 스토리, 상인의 얼굴이 담긴 콘텐츠는 팔로워의 공감을 얻는 데 큰 효과가 있다.

또한 고객 관리 시스템(CRM)을 도입해 단골 고객 데이터를 관리하고, 생일 쿠폰, 재구매 할인, 장바구니 알림 등 개인화된 마케팅도 가능하게 해야 한다. 소비자가 '이 시장이 나를 기억하고 있다'라는 감정을 느끼게 하는 것이 곧 충성 고객을 만드는 길이다.

이 밖에도 네이버 플레이스 등록, 구글 비즈니스 등록, 지역 맵 연동, 블로그 체험단 운영, 로컬 인플루언서 협업 등 다양한 디지털 도구를 활용해 시장의 가시성을 높일 수 있다. 중요한 것은 모든 채널이 일관된 메시지를 담고 있어야 하며, 장기적인 전략 아래 운영되어야 한다는 점이다.

3.
점포 경영 스킬 업

매출 증대를 위한 기본 경영 전략

전통시장에서의 매출 증대는 단순히 '더 많이 파는 것'을 의미하지 않는다. 한정된 고객 흐름 속에서 '무엇을, 어떻게, 누구에게 팔 것인가'에 대한 전략적 접근이 필요하다. 특히 최근 소비 트렌드의 빠른 변화 속에서, 전통시장은 '감'이나 '경험'만으로는 대응하기 어려운 시대를 맞이했다. 따라서 기초부터 다시 다지는 경영 역량 강화가 중요하다.

첫째, 고객 분석을 기반으로 한 상품 구성 전략이 필요하다. 고객의 연령, 구매 빈도, 주요 구매 시간대, 인기 품목 등을 파악해 데이터를 바탕으로 상품 구성을 최적화해야 한다. 예를 들어, 오전 시간대에 노년층 고객이 주를 이룬다면 가정식 식재료나 묶음 판매 전략이, 퇴근 시간 이후 30~40대 직장인 고객이 많다면 간편 조리식, 1인분 반찬 세트 등이 적합하다. 이러한 고객 맞춤 전략은 불필요한 재고를 줄이고,

회전율 높은 제품으로 수익을 높이는 데 도움이 된다.

둘째, 판매 기술의 업그레이드도 필수다. '그냥 친절하게 응대한다'라는 수준에서 벗어나, 상품의 특장점, 보관 및 조리 방법, 추천 조합 등을 함께 제안하는 방식으로 판매 기술을 한 단계 높여야 한다. 예를 들어, 나물을 판매할 때 "된장찌개용으로 잘 어울리는 봄동이에요. 같이 드실 된장도 2천 원에 할인 중입니다"라는 식의 패키지 제안형 대화가 고객의 구매 결정을 돕는다.

셋째, 가격 전략과 이벤트 운영의 다양화가 필요하다. 깎아주는 시장이라는 인식에 머무르지 않고, 계획적인 할인 전략을 마련해야 한다. 예를 들어, 특정 요일에만 적용되는 '단골 데이', SNS에 홍보한 고객 대상의 '1+1 이벤트', '1만 원 이상 구매 시 사은품 증정' 등 구체적인 테마를 가진 소형 프로모션이 효과적이다. 이를 통해 고객에게 방문의 이유와 즐거움을 제공하고, 자연스럽게 매출을 견인할 수 있다.

또한 시장 내 여러 점포가 연계하여 연합 기획전을 운영하는 것도 좋은 전략이다. 반찬가게, 생선가게, 채소가게가 함께 참여해 '오늘의 장보기 세트'를 기획하고 공동 홍보한다면, 개별 점포 대비 높은 시너지를 낼 수 있다.

효율적인 재고 관리와 매장 운영 개선

재고는 곧 자산이지만, 잘못 관리하면 부담으로 돌아온다. 특히 신선식품이나 계절상품 비중이 높은 전통시장 점포에서는 재고 회전율 관리가 경영 성패를 가르는 핵심 요소다.

첫째, 일간·주간 재고 파악 시스템 구축이 기본이다. 대형 마트처럼 정교한 시스템이 없어도 된다. 수기로 작성된 재고 노트, 스마트폰 앱을 활용해 판매 수량, 남은 수량, 예상 소진일을 꾸준히 기록하면 불필요한 중복 구매와 재고 손실을 줄일 수 있다.

둘째, A, B, C 등급 분류 방식을 도입해 상품의 판매 속도와 마진율을 분석한다.
- A등급: 자주 팔리며 수익이 높은 핵심 상품 → 재고 확보 우선
- B등급: 수요가 중간이며 특정 시즌에 판매되는 품목 → 주기적 모니터링
- C등급: 판매율이 낮고 마진도 낮은 품목 → 비축 최소화, 할인 판매 또는 단종 고려

이러한 분류는 점포의 운영 효율성을 극대화할 수 있는 간단하지만 효과적인 기법이다.

셋째, 폐기와 손실을 줄이기 위한 빠른 순환 전략이 필요하다. 신선식품의 경우, 유통기한이 임박한 상품은 당일 할인 코너를 운영하거나,

조기 폐기 전 이른 장보기 고객을 대상으로 특가 판매를 진행하는 것이 바람직하다. 반찬가게나 떡집 등은 남은 재료를 활용한 즉석 조리 제품이나 소포장 상품으로 재가공하여 판매할 수도 있다.

넷째, 매장 동선과 진열 방식 개선을 통해 고객의 체류 시간을 늘리고 구매율을 높일 수 있다.
입구에 대표 인기 상품을 진열해 시선을 끌고, 동선 끝에 묶음 상품 또는 할인 코너를 배치해 추가 구매를 유도하고, 계산대 근처에는 충동구매 유도 품목(예: 소스, 양념, 간식류)을 배치하면 좋다. 소비자의 동선을 고려한 배치만으로도 매출은 눈에 띄게 향상될 수 있다.

마지막으로, 직원 교육과 역할 분담 역시 경영 효율화의 중요한 요소다. 가족이 함께 운영하는 점포라도 상품 준비, 판매, 포장, 고객 응대 등을 효율적으로 나누고, 역할에 따라 책임을 명확히 하면 운영의 체계성이 생긴다. 필요하다면, 인근 청년 일자리 연계 사업이나 시장 내 공동 아르바이트 인력풀을 활용해 바쁜 날의 운영 부담을 줄이는 방안도 고려해 볼 만하다.

전통시장에서의 경영은 이제 기술의 문제가 아니라 전략의 문제다. 상품이 좋고 가격이 합리적이라는 전통적인 장점만으로는 충분하지 않다. 효율적인 운영, 고객 중심의 기획, 디지털과 접목된 경영 감각이 결합될 때, 비로소 전통시장은 다시 찾고 싶은 공간으로 거듭날 수 있다. 작은 점포 하나에도 브랜드가 있고, 철학이 있다는 것을 보여줄 수 있다면, 그것이 바로 전통시장의 새로운 경쟁력이다.

4.

소셜 미디어 마케팅: 시장과 상점을 홍보하는 비법

이제 전통시장도 '알리는 기술'이 필요하다. 아무리 좋은 물건과 따뜻한 정이 있어도, 소비자가 그것을 모르면 오지 않는다. 특히 디지털 시대의 소비자들은 검색과 SNS를 통해 정보를 얻고, 콘텐츠를 보고 상품이나 장소를 선택한다. 전통시장도 이제 소셜 미디어(SNS)를 활용한 전략적 마케팅을 통해 새로운 고객층을 유입하고, 지역과 세대를 넘나드는 소통의 창을 열 수 있다.

인스타그램, 페이스북, 유튜브 활용법

인스타그램은 이미지 중심의 플랫폼으로, 감성과 비주얼이 핵심이다. 시장 상점의 상품이나 일상을 따뜻하고 정감 있게 기록해 올리면 고객의 공감을 얻을 수 있다. 예를 들어 반찬가게에서는 "오늘 아침 막 만든 장조림", 과일가게에서는 "달콤한 봄 딸기, 지금 가장 맛있을 때"와 같이 짧고 진심 어린 문구와 함께 실제 상인의 손이 담긴 사진을 올리는 것이 좋다. 해시태그는 지역명(#부산자갈치시장), 상품명(#손두부), 계절성 키워드(#봄제철먹거리) 등을 조합해 활용하면 검색 노출이 증가한다.

페이스북은 글과 사진, 영상, 이벤트 공지를 함께 올릴 수 있어 중장년층과 지역 커뮤니티 타깃 마케팅에 유리하다. 특히 시장 행사, 할인 이벤트, 연말 특별 기획전 등을 홍보할 때 유용하다. 동네 맘 카페나 지역 커뮤니티 그룹과 연계해 게시글을 공유하거나 소규모 광고를 집행하면 로컬 타기팅(Local Targeting) 효과가 크다.

유튜브는 장기적인 브랜딩에 적합한 플랫폼이다. 전통시장의 일상을 영상으로 담아 스토리텔링 형식으로 소개하거나, 시장 상인이 직접 출연해 요리법을 소개하는 등 '사람' 중심 콘텐츠가 높은 반응을 얻는다. 예를 들어, 서울의 한 청년 상인은 유튜브 채널에서 '할머니의 손맛 비법 레시피'를 연재해 구독자 수가 2만 명을 넘었고, 온라인 판매로 이어지며 실질적인 매출 증대 효과를 얻었다.

중요한 것은 플랫폼별 특성을 이해하고, 상점에 맞는 채널을 1~2개 집중적으로 운영하는 것이다. 모든 채널을 무리하게 운영하기보다, 꾸준하고 진정성 있는 콘텐츠 생산이 더 중요하다.

타깃 고객층을 겨냥한 콘텐츠 전략

소셜 미디어 마케팅에서 핵심은 누구에게 무엇을 보여줄 것인가에 대한 명확한 전략이다. 전통시장은 다양한 고객층을 보유하고 있지만, 모든 사람을 동시에 만족시킬 수는 없다. 따라서 자신이 타깃으로 삼고자 하는 주요 고객층을 설정하고, 그에 맞는 콘텐츠를 제작해야 한다.

1. MZ 세대(20~39세): 이들은 '핫플', '갬성', '레트로'에 반응한다. 시장의 오래된 간판, 특색 있는 골목, 상인의 재치 있는 말투 등을 짧은 영상이나 이미지로 감성적으로 편집하여 릴그램, 공유를 유도하는 전략이 효과적이다. 예: "인스타 감성 제대로 터지는 시장 떡볶이집", "할머니의 국밥집, 알고 보니 3대째 운영 중?"

2. 가족 단위 고객: '건강', '아이들과 함께', '정겨운 식재료' 등의 키워드를 활용한다. 신선하고 안전한 먹거리, 아이와 함께 체험 가능한 전통시장 체험 프로그램, 부모님 선물용으로 좋은 먹거리 패키지 등을 소개하면 반응이 좋다.

3. 중장년층: 실용성과 신뢰를 중시하는 이들에게는 가격 정보, 품질 인증, 정기 할인 등 '정보 중심 콘텐츠'가 유효하다. 페이스북과 네이버 블로그를 활용해 상세한 설명과 사진을 포함한 포스팅을 정기적으로 운영하는 것이 좋다.

또한 모든 콘텐츠에는 사람 중심의 이야기가 들어가야 한다. 시장 상인의 표정, 손길, 일하는 모습, 손님과의 대화 등 사람 냄새 나는 요소들이 소비자의 감성을 자극한다. 단순 상품보다 사람이 주인공인 콘텐츠가 훨씬 오래 기억되고 공유도 활발하게 일어난다.

사용자 참여형 캠페인 기획

콘텐츠는 일방향이 아니라 소통과 참여를 유도할 때 비로소 마케팅이 된다. 사용자 참여형 캠페인은 소규모 시장도 쉽게 시도할 수 있는 효과적인 홍보 수단이다.

1. 해시태그 챌린지: 고객이 전통시장에서 찍은 사진이나 영상을 특정 해시태그(#우리시장자랑 #시장도핫플)와 함께 SNS에 업로드하면, 추첨을 통해 상품을 제공하는 방식이다. 참여 진입 장벽이 낮고, 자연스러운 입소문 효과를 기대할 수 있다.

2. 단골 후기 이벤트: "내가 사랑하는 시장 상인 이야기", "내가 자주 가는 시장 맛집" 등의 주제로 후기 공모전을 열고, 우수작을 시장 SNS나 블로그에 소개하면 고객의 자발적 콘텐츠 생성(UGC)을 유도할 수 있다.

3. 라이브 방송 중 실시간 댓글 참여 이벤트: "가장 먼저 댓글 단 분

께 무료 배송", "오늘 방송에서 언급된 시장 속 숨은 맛집은?" 등의 퀴즈 또는 실시간 소통형 이벤트는 시청자 몰입도를 높이고 실구매로 연결된다.

4. 시장 투어 콘텐츠 제작 공모: 지역 내 청년 콘텐츠 크리에이터, 대학생 등을 대상으로 전통시장을 주제로 한 영상 또는 카드뉴스 공모전을 진행해, 로컬 기반 콘텐츠를 확보하면서 젊은 층과의 연결점을 만들 수 있다.

참여형 캠페인은 단순히 경품 제공에 그치지 않고, 시장과 고객이 함께 만들어 가는 이야기 구조를 형성해 브랜드 충성도를 높이는 데 효과적이다.

전통시장의 소셜 미디어 마케팅은 단순한 광고가 아니라, 시장과 상점의 가치를 알리고 고객과 관계를 맺는 일이다. 진정성 있는 콘텐츠와 꾸준한 소통, 그리고 고객 참여를 이끄는 창의적 캠페인을 통해 시장은 단순한 소비 공간이 아닌, 공감과 연결의 공간으로 다시 태어날 수 있다. SNS는 도구이고, 이야기의 주인공은 언제나 사람이다.

5. 고객 관리 및 서비스 개선 방안

전통시장에서의 경쟁력은 단골에게서 나온다. 많은 손님이 한 번 왔다 가는 것보다, 한 명의 고객이 열 번 오는 구조를 만드는 것이 훨씬 중요하고 안정적이다. 하지만 과거처럼 상인 개개인의 기억과 감에만 의존해서는 한계가 있다. 이제는 고객 데이터를 기반으로 한 맞춤형 서비스, 정기적인 피드백 수집, 충성 고객 관리 전략이 전통시장 운영의 새로운 기준이 되어야 한다.

고객 데이터를 활용한 맞춤형 서비스 제공

고객 관리의 출발점은 정보 수집이다. 전통시장의 경우 디지털 기반 CRM(Customer Relationship Management, 고객관계관리) 시스템이 도입된 사례는 드물지만, 작게는 수기 장부부터 시작해도 충분하다. 이름, 전화번호, 생일, 자주 사는 품목, 방문 요일 등 기본 정보만 잘 정리해도 맞춤형 응대가 가능하다.

예를 들어, 매주 금요일마다 반찬을 사가는 직장인 단골 고객이 있다면, 해당 요일 오전에 미리 "오늘 동태전 나왔어요. 찾으시면 예약해둘게요"라는 문자를 보내는 것만으로도 신뢰와 만족도를 크게 높일 수 있다. 이처럼 고객이 느끼는 맞춤형 서비스는 단순한 기술이 아닌 세심한 관심과 반복적인 기록에서 비롯된다.

스마트폰 앱을 활용한 고객 데이터 수집도 점점 보편화되고 있다. 네이버 예약, 스마트스토어, 배달 앱 등에서 제공되는 기본 통계 기능을 통해 연령대, 성별, 재방문율, 구매 품목 등을 분석할 수 있으며, 이를 바탕으로 상품 구성과 프로모션 전략을 정교화할 수 있다. 예컨대, 30대 여성 고객의 비중이 높다면 간편식이나 건강식 반찬 패키지를 개발하거나, 어린이 간식류와 함께 구성된 상품을 기획하는 것도 하나의 전략이다.

고객 피드백 수집 및 반영 방법

좋은 서비스를 위한 가장 효과적인 길은 고객에게 직접 묻는 것이다. 시장에서는 여전히 "이런 거 불편하셨어요?", "다음엔 뭐 가져다드릴까요?"처럼 비공식적인 질문이 많지만, 이마저도 소중한 피드백 채널이다. 이를 체계적으로 수집하고 기록할 수 있다면 서비스 개선의 방향이 명확해진다.

간단한 예로, 종이 설문지나 QR코드를 활용한 고객 만족도 조사를 주기적으로 실시할 수 있다. 항목은 어렵게 구성할 필요 없다.
- "가게를 자주 찾는 이유는 무엇인가요?"
- "가장 마음에 드는 점/불편한 점은?"
- "앞으로 이런 상품이 있었으면 좋겠다" 등

3~5문항 내외로 구성해 작게 시작하는 것이 효과적이다.

모은 피드백은 점포 내부에서 회의나 기록으로만 끝나는 것이 아니라, 실제 서비스 개선으로 이어져야 한다. 예를 들어, "현금만 받아서 불편해요"라는 의견이 반복된다면 간단한 간편결제(QR, 간이 카드단말기)라도 도입을 검토해야 하며, "포장 요청이 많은데 시간이 걸려요"라는 의견이 있다면 미리 포장된 세트 상품을 준비하는 등의 조치가 필요하다.

또한, 피드백 반영 결과를 고객과 공유하는 것이 중요하다. "지난달 고객 설문에서 요청이 많았던 카드 결제를 이번 주부터 시작합니다!", "단골 고객 의견을 반영해 포장 용기 개선했어요!" 같은 메시지를 SNS, 문자, 점포 내 안내문으로 공지하면 고객은 자신의 목소리가 실제로 반영되었다는 긍정적인 경험을 하게 된다.

충성 고객 확보를 위한 혜택 제공 전략

충성 고객, 즉 단골손님은 단순히 반복 구매하는 사람을 넘어서 시장과 정서적으로 연결된 사람이다. 이들을 위해서는 실질적인 혜택과 정서적인 보상이 함께 제공되어야 한다.

첫째, 단골 고객 리워드 시스템을 도입한다.
- 스탬프 카드: 10회 방문 시 1회 무료 또는 할인
- 생일 쿠폰 제공: 생일 주간 10% 할인 또는 특별 선물
- 월간 정액제: 정해진 금액으로 지정된 품목을 정기 배송 또는 픽업

이처럼 단골 고객만을 위한 혜택은 단순한 할인 이상의 소속감을 제공한다.

둘째, 프라이빗 맞춤 서비스 운영도 좋은 전략이다. 예컨대 단골 고객을 위한 우선 예약, 선주문 상품 준비, 신상품 체험 기회 제공 등은 고객이 '내가 특별한 대접을 받고 있다'라는 인식을 가지게 한다. 이런 감정적 유대는 단순한 가격 경쟁력을 뛰어넘는 충성도를 만든다.

셋째, 감사의 표현을 구체화한다. 특별한 날에 손 편지 한 장, 소소한 사은품, 장바구니 하나라도 정성껏 전하면, 고객은 그 점포를 믿고 다시 찾고 싶은 곳으로 기억하게 된다. 특히 손맛과 정이 중요한 전통시장에서 이런 사소한 정성이 곧 브랜드 자산이 된다.

전통시장의 미래는 새로운 고객의 유입만큼이나, 기존 고객을 지키는 데 달려 있다. 고객을 관리하고, 관계를 유지하며, 작은 불편도 놓치지 않고 개선해 나가는 점포만이 지속적인 성장을 이뤄낼 수 있다. 이

제는 물건만 파는 가세에서, 기억에 남는 가게, 함께 나이 들어가는 가게로 변모해야 할 때다. 고객의 이름을 기억하고, 그들의 목소리에 귀 기울이며, 진심을 담아 혜택을 제공하는 점포는 반드시 살아남는다.

6.
디지털 마케팅 전략: SEO와 SEM을 통한 노출 확대

이제 전통시장의 경쟁 무대는 오프라인만이 아니다. 소비자들은 물건을 사기 전, 대부분 검색부터 시작한다. 포털사이트, 네이버 지도, 구글, 유튜브 등에서 정보를 찾아보고, 후기를 비교한 뒤 직접 방문하거나 온라인으로 주문한다. 따라서 전통시장 점포들도 디지털 공간에서 자신을 '잘 보이게 만드는 기술', 즉 검색 노출 전략을 갖춰야 한다. 여기에는 SEO(검색엔진 최적화), SEM(검색엔진 마케팅), 그리고 성과 분석 도구의 활용이 핵심이다.

검색엔진 최적화(SEO) 기본 가이드

SEO(Search Engine Optimization)는 검색 결과에서 내 콘텐츠가 상단에 노출되도록 하는 전략이다. 예컨대 '모란시장 반찬가게'를 검색했을 때 내 블로그나 스마트스토어가 눈에 띄는 위치에 나타나는 것이 바로

SEO의 효과다.

전통시장 상인들도 아주 간단한 SEO 원칙만 적용해도 충분히 노출 효과를 얻을 수 있다.

1. 핵심 키워드 선정

"시장 + 상품 + 지역명" 조합으로 설정한다.

예: '전주남부시장 수제 어묵', '통인시장 김밥 맛집' 등.

2. 콘텐츠 제목과 본문 최적화

제목에 키워드를 포함시키고, 본문에서도 3~5회 자연스럽게 언급한다. 단순히 '맛있는 떡볶이'보다 '망원시장 떡볶이 추천! 로컬 맛집 솔직 후기'가 검색에 유리하다.

3. 이미지와 파일 이름도 검색 대상이다:

사진 파일명을 '부산국제시장_떡볶이.jpg'처럼 변경하고, 블로그나 웹사이트에 업로드 시 '대체 텍스트(alt text)'를 넣는 것이 중요하다.

4. 모바일 최적화

블로그나 홈페이지는 모바일에서도 빠르게 로딩되고, 가독성 있게 구성되어야 검색엔진이 긍정적으로 평가한다.

5. 정기적인 콘텐츠 업데이트

계절 메뉴, 이벤트 소식, 후기 등을 지속적으로 추가하면서 살아 있는 콘텐츠를 유지해야 검색 순위를 유지할 수 있다.

검색엔진 마케팅(SEM)과 광고 전략

SEM(Search Engine Marketing)은 검색 결과에 유료로 광고를 노출하는 전략이다. 이는 예산이 많지 않아도, 전통시장 상인들이 쉽게 시작할 수 있는 접근 방식이다.

1. 저예산 광고 가능

하루 5천 원~1만 원 정도의 비용으로도 지역 내에서 효과적인 광고 집행이 가능하다. 예: '남대문시장 닭강정' 키워드를 통해 네이버 검색 상단에 내 점포 노출.

2. 지역 타겟팅 설정

'서울 강북구 반경 3km' 등으로 광고 범위를 제한하면, 실제 오프라인 방문 가능성이 높은 고객에게 집중 노출할 수 있다.

3. 시즌/이벤트 연계 광고 전략

명절, 김장철, 제철 먹거리 시즌에는 관련 키워드(예: '추석 선물 세트', '겨울 간식')에 맞춘 광고 집행으로 높은 클릭률과 매출을 유도할 수 있다.

4. 리마케팅 기능 활용

내 사이트나 블로그를 한 번 방문했던 고객에게 다시 광고를 보여주는 기능으로, 관심 있었지만 구매하지 않은 고객을 다시 유치할 수 있다.

분석 도구를 통한 데이터 기반 마케팅

디지털 마케팅에서 가장 중요한 것은 성과를 측정하고, 전략을 개선하는 것이다. 이 역할을 하는 대표적인 도구가 구글 애널리틱스와 네이버 통계 도구다.

1. 구글 애널리틱스(Google Analytics)

무료이며 웹사이트나 블로그에 연동 가능

활용 가능한 정보
- 방문자 수, 유입 경로(검색, SNS, 직접 방문 등)
- 방문자의 연령, 성별, 지역, 사용하는 기기
- 어떤 페이지에서 오래 머물렀는지, 어디서 이탈했는지

예를 들어 30대 여성 방문자가 많은 것을 확인했다면, 관련 상품을 콘텐츠 중심으로 재배치하거나 마케팅 문구를 조정해 타깃 맞춤형 전략을 세울 수 있다.

2. 네이버 블로그 통계 및 스마트 플레이스 분석 도구

네이버 블로그를 운영하고 있다면, 블로그 관리자 메뉴에서 제공하

는 '방문자 통계'와 '유입 키워드 분석' 기능을 통해 사용자 행동을 파악할 수 있다.

활용 가능한 항목
- 총 방문자 수 / 일간 추이
- 유입 경로 및 키워드 분석
- 방문자 연령대, 성별(스마트 플레이스 연동 시)

또한, 네이버 스마트 플레이스에서는 다음과 같은 데이터가 제공된다.
- 검색 수, 노출 수, 전화 걸기 클릭 수, 길 찾기 클릭 수
- 방문자 성별, 연령별 통계
- 리뷰 키워드 분석 및 감성 평가

예를 들어 길 찾기 클릭 수가 높은데 방문 전환율이 낮다면, 위치 표기나 교통 안내를 상세히 수정할 필요가 있다. 또는 특정 연령층 방문이 많다면 그에 맞는 이벤트, 할인 혜택, 사진 스타일 등을 조정해 볼 수 있다.

디지털 마케팅은 단순히 광고를 내는 것이 아니라, 검색에 잘 걸리게 하고, 데이터를 기반으로 소비자를 이해하며, 전략적으로 대응하는 것이다. 전통시장이 이제는 '찾아가는 곳'이 아닌, '검색되고 선택되는 공간'이 되기 위해서는 SEO, SEM, 그리고 네이버·구글 통계를 활용한 분석이 기본이 되어야 한다. 소규모 점포라도 차근차근 시작한다면, 온라인 세상에서도 경쟁력을 갖춘 디지털 상점으로 성장할 수 있다.

7.
지속 가능한 시장 운영: 친환경과 사회적 책임

 전통시장이 경쟁력을 갖기 위해서는 단순한 상업 공간을 넘어 가치 있는 소비 공간으로 변화해야 한다. 오늘날 소비자들은 싸고 좋은 제품만큼이나 환경을 배려하는 태도와 사회적 책임을 중요하게 여긴다. 특히 MZ 세대와 가족 단위 소비자는 친환경, 윤리적 소비에 민감하게 반응한다. 전통시장이 이러한 흐름을 선도할 수 있다면, 오히려 대형 유통보다 더 큰 신뢰와 지지를 얻을 수 있다.

제로 웨이스트와 친환경 운영 전략

 제로 웨이스트(Zero Waste)는 쓰레기를 줄이고 자원을 순환시키는 소비 문화를 뜻한다. 시장에서 이를 실천하는 방법은 생각보다 다양하고 현실적이다.

1. 일회용품 줄이기: 비닐봉지 대신 종이봉투, 다회용 장바구니 제공. 손님이 장바구니를 가져오면 할인 혜택을 주는 '그린 리워드 제도'도 도입 가능하다.

2. 대용량 또는 무포장 판매 확대: 견과류, 반찬류, 건어물 등은 소분 용기 없이 판매 가능. 소비자는 필요한 만큼만 사고, 쓰레기도 줄일 수 있다.

3. 퇴근 시간 할인/재고 세일: 당일 판매가 어려운 식재료나 조리 상품을 저렴하게 판매함으로써 음식물 쓰레기를 줄이는 동시에, 고객과의 신뢰도 쌓을 수 있다.

4. 쓰레기 분리배출 철저화: 점포 운영 중 발생하는 종이·플라스틱 포장재를 분리하고, 상인회 차원에서 일괄 수거/처리 체계를 갖추는 것도 중요한 실천이다.

이러한 친환경 운영은 단지 비용 절감의 문제가 아니라, 시장 전체의 이미지 개선과 고객 충성도 확보로 이어진다.

지속 가능한 제품 소싱 및 패키징

상품을 어디서 어떻게 들여오는지도 소비자에게는 중요한 가치 기준이다. 전통시장이 단순한 유통자가 아닌 책임 있는 생산자·중개자로 나아가기 위해서는 제품의 출처를 투명하게 알리고, 환경 부담을 줄이는 유통 방식을 고려해야 한다.

1. 로컬 푸드와 직거래 확대: 같은 지역의 농가, 양봉장, 수산업체와 연계해 신선한 제품을 직접 들여오고, 생산자 정보를 함께 제공한다면 신뢰도가 높아진다.

2. 윤리적 생산 제품 취급: 공정 무역 커피, 비동물실험 뷰티 상품, 지역장인 수공예품 등 사회적 가치가 담긴 상품을 일부라도 취급한다면 시장의 정체성에 긍정적 영향을 준다.

3. 친환경 포장재 사용: 비닐 대신 재생 종이, 생분해성 비닐, 옥수수 전분 포장재 등을 활용하면 친환경 실천이 가능하다. 예를 들면 '전통시장용 친환경 포장 지원 사업' 등을 통해 비용 부담도 일부 경감이 가능하다.

특히 요즘 소비자들은 '어디서 만들었는가' '얼마나 지속 가능한가'에 매우 민감하다. 시장 내에서 이 같은 정보를 포스터, 가격표, 안내판 등에 시각적으로 알리는 것만으로도 효과적인 메시지가 된다.

사회적 기업과의 협업 모델

지속 가능성은 단지 친환경에서 끝나지 않는다. 장애인, 고령자, 저소득층, 이주민 등 사회적 약자와의 연계를 통해 함께 잘 사는 시장을 만드는 것도 큰 방향이다. 이를 위해 사회적 기업, 협동조합, 마을기업 등과의 협업이 중요해지고 있다.

1. 사회적 기업 제품 판매: 시장 내 일부 점포에서 사회적 기업의 농산물, 수공예품, 재활용 제품 등을 입점·위탁 판매. 예: 발달장애인이 만든 제과류, 친환경 비누 등.

2. 시장 공간 공유: 유휴 점포나 임시 공간을 활용해 사회적 기업의 팝업 스토어나 체험 부스를 운영. 고객에게도 신선한 경험이 되며, 시장의 공익적 이미지도 강화된다.

3. 청년/노인 협업 프로그램: 청년 상인과 지역 어르신이 협업하여 전통 조리법을 전수하거나, 스토리텔링 콘텐츠를 공동 제작하는 모델은 세대 간 연결과 문화자산 계승이라는 의미도 있다.

이러한 협업은 단순한 도움 주기가 아니라, 시장이 지역사회와 함께 생존하고 성장하는 방법이다. 시장은 단지 물건을 파는 곳이 아닌, 함께 사는 가치를 보여주는 플랫폼으로 진화할 수 있다.

지속 가능한 운영은 일시적인 유행이 아니라, 시장의 생존 전략이다. 전통시장이 환경과 사회적 가치를 함께 고민하고 실천할 때, 소비자들은 시장을 다시 찾는다. 따라서 '친환경', '로컬', '공정', '상생' 같은 키워드가 전통시장의 새로운 정체성이자 경쟁력이 되어야 한다.

지금 필요한 건 거창한 시스템이 아니라, 작은 실천에서 시작하는 변화다.

8.
상인 역량 강화: 교육과 멘토링 프로그램

전통시장의 경쟁력은 상인의 손끝에서 시작된다. 아무리 인프라가 잘 갖춰져 있어도, 상인 개개인이 변화의 필요성을 체감하지 못하고 대응하지 못한다면 시장 전체의 변화는 요원하다. 따라서 지속 가능한 시장을 만들기 위해 가장 중요한 첫걸음은 '사람'에 대한 투자, 즉 상인 역량 강화다. 디지털 시대의 상인은 단순한 물건 판매자가 아니라, 콘텐츠 제작자이자 브랜드 운영자이며, 공동체의 리더이기도 하다. 이러한 다층적 역할을 수행하려면 지속적인 교육과 경험의 축적이 필수적이다.

전통시장 상인들에게 제공되는 다양한 교육 프로그램은 상인의 마인드 전환과 실질적 경영 능력 향상에 큰 도움이 된다. 지자체, 소상공인시장진흥공단, 상공회의소, 사회적 기업, 민간 스타트업 등 다양한 기관이 실무 중심의 교육을 정기적으로 제공하고 있다.

주요 교육 프로그램

1. 디지털 전환 교육: 스마트폰을 활용한 온라인 마케팅, 스마트스토어 운영, SNS 활용법 등

2. 고객 응대와 서비스 향상: 친절 교육, 클레임 대응법, 고객 감동 서비스 실습

3. 상품 기획 및 포장 디자인 워크숍: 제품 패키징, 스토리텔링 마케팅, 시장 특화 디자인 실습

4. 경영 전략과 회계 기초: 점포 손익 계산, 재고 회전율 분석, 단가 조정 전략 등

이러한 교육은 단순 지식 전달이 아니라, 현장 경험을 반영한 실습 중심으로 이루어져야 효과가 크다. 특히 단기 강의보다 소규모 워크숍이나 1:1 코칭 프로그램이 상인의 실질적 변화로 이어지기 쉽다.

서울의 한 전통시장에서는 'SNS 마케팅 4주 집중반'을 운영해 60대 상인들도 직접 인스타그램 계정을 만들고, 매일 사진을 올리며 팔로워 수가 늘어나는 성취를 경험하게 했다. 이는 고객 유입으로 이어졌고, 상인들 사이에서도 자연스러운 정보 공유 문화가 생겼다.

이론적 교육과 병행해, 멘토링 프로그램을 통해 상인들의 실질적 경영 역량을 끌어올릴 수 있다. 멘토는 다양한 분야에서 활동 중인 전문가, 선배 상인, 디지털 전문가, 디자인 전문가, 창업 컨설턴트 등이 될 수 있다.

멘토링의 효과적인 운영 방식

1. 분야별 멘토 매칭: 온라인 판매가 어려운 상인에게는 디지털 전문가를, 제품 포장이 고민인 상인에게는 디자이너를 연결해 주는 방식

2. 동행 코칭 시스템: 멘토가 점포 현장을 방문해 함께 진열을 바꾸고, 문구를 수정하고, SNS 포스팅을 실습하는 식의 동행 컨설팅

3. 성과 공유 및 피드백: 일정 기간 후 결과를 공유하고 개선 방향을 멘토와 함께 논의

이처럼 상인 개인의 고민과 상황에 맞춰 '맞춤형 해결책'을 제공할 수 있는 멘토링은 단기성과뿐 아니라 자신감과 자기 주도적 역량 강화에도 크게 기여한다.

전통시장 전체의 지속 가능성을 위해서는, 상인회와 핵심 리더들의 조직 운영 역량과 공동체 리더십이 더욱 중요해지고 있다. 시장 리더십

의 역할은 단지 행사 기획이나 분쟁 조정이 아니라, 시장 전체의 방향성을 설정하고, 외부 기관과의 협력 사업을 유치하고, 상인 간 갈등을 중재하며, 공동 브랜드나 공동 마케팅 전략을 수립하는 등 전략적 기획력을 요구하는 자리다.

리더십 개발을 위한 제안

1. 시장 대표 대상 리더십 특화 교육: 공공 리더십, 갈등관리, 조직 운영 전략 등

2. 상인회 간 교류 프로그램: 다른 지역의 성공 사례를 벤치마킹하고, 실무 경험을 공유하는 리더십 네트워크 구축

3. 청년 리더 육성 프로그램: 젊은 상인들이 시장 운영에 참여할 수 있도록 별도 리더십 트랙을 만들어 세대 간 연결 강화

대구의 한 전통시장 상인회는 청년 리더와 고령 상인이 공동 대표 체계를 구축해, 정책 대응은 청년이 맡고, 시장 분위기 조성은 고령 상인이 담당하며 세대 융합형 리더십으로 시장을 변화시켰다.

전통시장 변화의 시작은 교육과 협업에서 비롯된다. 상인의 마인드가 바뀌면, 매장의 서비스가 달라지고, 시장 전체의 분위기도 달라진

다. 지속 가능한 시장을 만들기 위해서는 단순한 예산 투입이 아니라, 사람의 성장과 관계의 재구성이 필수다. 교육받고, 나누고, 함께 발전하는 상인이 많은 시장은 자연스럽게 살아 있는 시장이 된다.

9.
배움의 속도, 실천의 정도

얼마 전 교육 관계자와 만나 듣게 된 이야기다.

"사람들은 학습이란 과정을 통해 새로운 지식을 습득하게 되는데, 사람마다 이해하는 정도의 차이가 있기 때문에 교육 방법을 달리해야 합니다. 예를 들어 이해도가 높은 우등생의 경우는 새로운 내용을 접하면 몇 번의 반복 없이도 그 내용을 습득할 수 있지만, 이해도가 낮은 사람은 우등생보다는 더 많은 시간을 반복해야 합니다"

학습(學習)이란 '배우다(學)'와 '(반복하여) 익히다(習)'의 뜻으로 이루어진 단어로, 이해도가 높은 사람과 이해도가 낮은 사람은 각각 학(學)과 습(習)의 정도를 달리해야 한다. 이미 이해한 사람에게 같은 내용을 계속 반복하면 지루하게 느낄 수 있고, 지난 것도 아직 이해 못 한 사람에게 새로운 것을 계속 제시하는 것은 흥미를 유발하기는커녕 학습을 포기하게까지 만들 수도 있기 때문이다.

이는 학문적 깊이를 요구하는 학교에 국한되는 이야기가 아니다. 일상에서의 배움도 마찬가지다. 그런데 안타까운 현실은 교육받는 모든 사람은 항상 새로운 것만을 요구한다는 것이다. 충분한 이해도 못 하고 늘 새로운 내용만 찾는 것은 수박 겉핥기만을 하는 격이 되고 만다. 새로운 내용을 찾기 전에 기존에 배웠던 것들을 제대로 이해하고자 하는 노력이 선행되어야 한다. 중요한 것은 누구보다 먼저 새로운 것을 들었느냐가 아니라, 그것을 제대로 이해하고 실천으로 옮겼느냐다.

기존의 교육 내용을 충분히 이해하려는 노력과 함께 중요한 것은 실천의 문제다. 우리가 일상에서 배우게 되는 많은 것들은 원리를 깨치고 남에게 전파하기보다는 실생활에 활용하기 위한 것이 대부분이다. 그래서 배운 내용을 어떻게 실천하고 활용할 것인가의 문제가 대두된다.

세상에서 가장 먼 거리는 머리에서 가슴까지의 거리라고 한다. 머리로 이해한 것을 가슴으로 느끼기까지는 너무도 긴 시간이 걸린다는 뜻이다. 고(故) 김수환 추기경께서도 어려서부터 알고 있던 것을 나이 일흔이 넘어서야 가슴으로 느끼게 되셨다고 하셨다. 그런데 이 머리에서 가슴까지의 거리보다 더 먼 것이 있다고 한다. 바로 가슴에서 우리 팔과 다리까지의 거리다. 머리로 이해하고 가슴으로 느끼는 것을 몸으로 실천하기가 얼마나 어려운 일인가를 실감하게 해주는 말이다.

개인적으로 전통시장 상인들을 모시고 해외로 선진시장 견학을 다녀올 기회가 몇 번 있었는데, 그때마다 이런 말씀을 꼭 드렸다. "많은 것을 보고 들으시되 모든 것을 다 가져가시려 욕심내지 마시고 한 가지만 가져가서 실천하세요." 그런데, 나중에 시장을 방문할 기회가 있어서 찾아가 보면 배운 것을 직접 실천하여 변화를 가져온 상인은 거의 없음을 확인하게 된다. 실천이 얼마나 어려운가를 알게 되는 대목이기도 하다.

현대 사회는 변화의 속도가 너무도 빠르다. 어제의 신지식이 오늘에는 이미 구식이 되어 있기 일쑤다. 그러나 이렇게 날마다 쏟아져 나오는 새로운 것들만을 따르기보다는 각자의 상황과 능력에 맞는 것을 제대로 이해하고 실생활에 적용하는 것이 더 중요할 때도 있다. 우리가 매일 생활하는 시장이라는 삶의 현장이 바로 그곳 중 하나일지도 모른다.

상품 진열이나 고객 응대 방법 하나를 제대로 이해하고 내 점포에 적용하는 것이 수많은 경제학적 이론을 달달 외우거나, 새로운 마케팅 방법론을 익히는 것보다 훨씬 유익할 수 있을 것이다.

10.

정부 지원 사업과 공공기관 활용 방안

전통시장의 경쟁력 강화를 위한 디지털 전환, 시설 현대화, 상인 교육, 마케팅 등은 대부분 일정 수준의 자금과 전문 인력이 뒷받침되어야 한다. 이때 중요한 역할을 하는 것이 바로 정부와 공공기관의 지원 제도이다. 많은 상인과 상인회가 제도를 잘 몰라서 놓치는 경우가 많지만, 적절히 활용하면 큰 비용 없이도 점포의 변화와 시장 전체의 혁신을 이끌 수 있다.

전통시장 활성화를 위한 정부 지원 사업

전통시장에 특화된 정부 지원 사업은 주로 중소벤처기업부, 소상공인시장진흥공단, 지방자치단체를 통해 진행된다. 해마다 지원 사업이 공고되며, 예산 규모와 대상은 유동적이지만, 주요 골자는 비교적 유사하다.

대표적인 지원 사업 유형

1. 시설 현대화 지원 사업
   - 노후 화장실, 지붕, 조명, 바닥, 고객 편의시설 개선
   - 시장 내 공용 공간 리모델링 지원 등

2. 특성화 시장 육성 사업
   - 특성화 첫걸음 기반 조성, 문화관광형 시장 등으로 시장 정체성 강화
   - 문화 공연, 체험 프로그램, 외국인 대응 시스템 등 포함

3. 청년몰 및 청년 상인 창업지원
   - 청년 상인의 창업 공간 조성, 인테리어, 컨설팅 지원
   - 창업 후 마케팅, 디자인, 교육 등 후속 지원 병행

4. 디지털 전통시장 육성 사업
   - 온라인 판매 시스템 구축, 스마트오더, 라이브 커머스 스튜디오 조성 등
   - 시장 단위 혹은 상인회 단위로 신청 가능

5. 상인 교육·컨설팅 지원
   - 디지털 교육, 점포 경영 컨설팅, 상인 대상 리더십 및 소통 교육 등

이 외에도 지방자치단체 단위에서 개별 시장을 위한 맞춤형 지원 사업이 매년 등장하므로, 시·군·구청 홈페이지와 공고문을 수시로 확인하는 것이 좋다.

소상공인시장진흥공단 홈페이지의 '사업 안내' 페이지, '희망리턴패키지', '시장경영 바우처' 등도 확인하면 유용한 정보를 얻을 수 있다.

다양한 지원금과 사업 계획서 작성법

정부 지원 사업에 참여하려면 신청서 및 사업 계획서 제출이 필수다. 정부 지원 사업의 신청서 및 사업 계획서 양식은 각 사업의 공고 때 제공된다. 하지만 많은 상인들이 이 부분에서 어려움을 느끼고 포기하곤 한다. 사업 계획서는 전문 용어보다도 시장 현실에 맞는 간단명료한 구성이 중요하다.

사업 계획서 작성 시 핵심 요소

1. 문제 인식
 · 우리 시장의 현재 문제는 무엇인가?
 · 예: 고객 감소, 온라인 판매 미흡, 시설 노후화 등

2. 해결 방안

- 제안 사업을 통해 무엇을 어떻게 개선할 것인가?
- 예: 온라인 주문 시스템 도입, 야시장 운영, 인테리어 개선

3. 실행 계획과 역할 분담

- 누가, 언제, 무엇을 할 것인가?
- 상인회, 청년 상인, 외부 전문가의 협업 구조 명시

4. 예산 계획

- 총 소요 예산, 자부담 비율, 항목별 지출 내용
- 예: 장비 구입 500만 원, 교육비 100만 원 등

5. 성과 예상 및 지속 가능성

- 사업 후 기대 효과와 장기적인 유지 방안
- 예: 고객 수 30% 증가, 상인 만족도 향상, 유지보수 계획 등

사업 계획서는 너무 거창하거나 복잡할 필요가 없다. 실제로 가장 평가를 잘 받는 것은 현실에 기반한 실천 가능한 계획서다. 지자체 공무원이나 소상공인시장진흥공단의 담당자에게 초안 검토를 부탁해도 좋다.

공공기관과 협업을 통한 유통 채널 확장

전통시장이 경쟁력을 갖기 위해서는 '찾는 시장'을 넘어, '찾아가는 유통 플랫폼'으로 진화해야 한다. 이를 위해 공공기관과의 협업은 매우 강력한 도구가 될 수 있다.

협업 가능한 공공기관 및 활용 방안

1. 지역농협·수협·산림조합 등
   - 로컬 푸드 직거래 장터, 공동 판촉 행사 개최
   - 유통망 연계: 농협 하나로마트 내 시장 상품 입점

2. 지역문화재단·관광공사
   - 문화 프로그램, 체험 콘텐츠와 연계해 시장을 관광지로 브랜딩
   - 예: 투어 프로그램 내 전통시장 포함, 외국어 안내 책자 제작 등

3. 우체국 쇼핑, 공공 온라인 몰
   - 우체국 쇼핑몰, e경남몰 등 지자체 운영 공공 쇼핑몰 입점
   - 상인 단체 등록을 통해 온라인 판매 채널 확장 가능

4. 학교 및 공공기관 급식 납품 계약
   - 전통시장의 식재료를 지역학교, 복지시설, 군부대 등에 공급하는 구조

- 품질 인증 및 안전성 기준 충족 필요

전북 남원시는 지역 농산물을 전통시장 상인이 수집하고, 공공기관 급식처로 납품하는 구조를 만들었다. 상인은 판로를 확보하고, 지역은 유통 단계를 줄여 신선한 식재료를 저렴하게 공급받는 상생 모델이 되었다.

전통시장 상인은 사업자이자 정책 수혜자다. 정부와 공공기관의 지원 제도를 제대로 알고 적극적으로 활용한다면, 변화의 속도와 범위를 2~3배 이상 키울 수 있다. 무엇보다 중요한 것은, 내 가게를 위한 지원이 아니라 시장 전체를 위한 전략으로 접근하는 태도다. 이제는 '우리도 할 수 있다'라는 믿음과 함께, 정보력과 실행력이 시장의 미래를 좌우하는 시대다.

11.

전통시장의
콘텐츠 플랫폼화와
로컬 브랜드 구축 전략

지역 상권을 넘어 전국적 파급력을 갖는
스토리 있는 시장 만들기

오늘날 소비자들은 단순히 상품을 구매하는 것을 넘어, 경험을 사고 이야기를 공유하고자 한다. 이는 시장 또한 더 이상 물건을 파는 장소에 머물러선 안 된다는 뜻이다. 전통시장이 살아남기 위해서는 콘텐츠 플랫폼으로 진화해야 하며, 동시에 지역 특성을 살린 로컬 브랜드를 구축해 시장 자체를 하나의 브랜드로 인식하게 만들어야 한다. (물론 건물주, 토지소유주, 임차상인 등 각각의 이해관계가 얽혀 있는 전통시장의 구조에서 플랫폼화가 쉽지는 않다.) 이러한 전략은 특히 MZ 세대를 비롯한 경험 중심 소비자층의 요구와 맞닿아 있으며, 시장의 미래 경쟁력을 가늠하는 핵심 요소가 되고 있다.

1. 콘텐츠 플랫폼으로서의 전통시장

콘텐츠 플랫폼화란 시장이 다양한 콘텐츠(상품, 스토리, 인물, 체험, 미디어 요소 등)를 종합적으로 담아내고 유통하는 공간이 되는 것을 의미한다. 전통시장의 개별 점포들이 독립적으로 상품을 판매하는 수준에서 벗어나, 시장 전체가 일관된 콘셉트와 내러티브(Narrative: 일련의 사건이 가지는 서사성)를 바탕으로 하나의 거대한 콘텐츠 허브처럼 기능하는 것이다.

예를 들어, 상점 하나하나가 로컬 스토리를 품고, 그 스토리가 미디어 콘텐츠로 전환되며, 소비자는 단지 물건을 사는 것이 아니라 하나의 이야기와 경험을 소비하게 된다. '이곳에서만 만날 수 있는 이야기', '이곳에서만 찍을 수 있는 사진', '이곳에서만 느낄 수 있는 분위기'가 곧 콘텐츠가 되고, SNS와 유튜브, 블로그를 통해 빠르게 확산된다. 이는 곧 전통시장에 디지털 확장성을 부여하고, 새로운 고객을 유입시키는 강력한 촉매제가 된다.

2. 로컬 브랜드는 어떻게 만들어지는가

전통시장 안에 콘텐츠가 쌓이면, 그 시장은 점차 하나의 브랜드로 인식된다. 여기서 중요한 것은 개별 점포의 브랜드도 중요하지만, 시장 자체의 정체성과 스토리가 더 큰 영향력을 발휘한다는 점이다. 예를 들어, 서울의 망원시장은 '힙한 동네 마켓'이라는 이미지로 젊은 세대의 사랑을 받고 있다. 부산 부평 깡통시장은 '야시장과 글로벌 스트리트 푸드'라는 테마를 중심으로 브랜드화되었다. 이들은 시장 고유의 정체성을 상품과 경험, 분위기, 디지털 콘텐츠까지 일관되게 녹여냈기 때문에 브랜드화에 성공한 사례다.

이러한 브랜드는 ▲공동 마케팅, ▲일관된 시각 디자인(BI/CI), ▲시장 전용 콘텐츠 제작, ▲굿즈 및 온라인 몰 운영 등으로 구체화될 수 있다. 중요한 것은 개별 점포가 혼자 할 수 없는 영역을 시장 단위의 조직과 협업을 통해 실행에 옮기는 것이다. 예를 들어, 시장통 굿즈 프로젝트로 지역 일러스트 작가와 협업해 에코백, 머그컵 등을 제작하고, 이를 오프라인과 온라인 몰에서 함께 판매한다면 소비자와의 접점을 확장할 수 있다.

3. 콘텐츠 플랫폼화 + 로컬 브랜드의 시너지

전통시장을 플랫폼화하고 브랜드화하는 전략은 단지 일회성 이벤트나 개별 점포의 성장을 위한 것이 아니다. 이것은 시장 전체가 유기적으로 움직이는 방식, 곧 시장 공동체의 체질 개선과도 연결된다. 시장 통합 브랜드를 만들기 위한 협의체 구성, 공동 예산 운용, 스토리텔링 중심의 상품 재구성, SNS 운영을 위한 청년 디지털 담당자의 채용 등은 이 변화의 구체적인 실천 방법이다.

이러한 구조가 정착되면, 전통시장은 지역 로컬 경제의 핵심 거점일 뿐 아니라 전국 단위의 소비자를 끌어들이는 문화 기반 경제 공간으로 거듭날 수 있다. 결국 시장은 팔기 위한 공간에서 모이고 머무는 플랫폼으로, 지역의 이야기를 담은 하나의 미디어가 된다.

4. 핵심은 지속 가능성

물론 콘텐츠 플랫폼화와 브랜드 구축은 단기간에 끝나는 일이 아니다. 시장의 모든 구성원이 참여하고, 다양한 시도를 통해 시행착오를 거쳐야 한다. 가장 중요한 것은 이러한 시도가 일회성이 아닌 장기적인 전략으로 추진돼야 한다는 점이다. 정부와 지자체의 지원 역시 '하드웨어'보다 '브랜드와 콘텐츠 전략'을 중심으로 재편되어야 한다.

디지털 전환과 소비 행태의 변화는 시장에게 위기가 아닌 기회가 될 수 있다. 전통시장이 과거의 기억을 파는 곳이 아니라, 오늘의 이야기와 내일의 가능성을 함께 만들어 가는 플랫폼으로 거듭날 수 있도록, 지금이 바로 그 첫걸음을 내디뎌야 할 시점이다.

12.
전통시장의 미래를 여는 창조적 파괴

전통시장은 오랜 시간 지역 경제와 공동체 문화를 지탱해 온 생활 기반이었지만, 현대화와 유통산업의 급속한 변화 앞에서 점차 쇠퇴의 길을 걸어왔다. 대형 마트와 온라인 쇼핑의 부상, 소비 패턴의 변화, 인력의 고령화 등은 전통시장의 경쟁력을 약화시키는 요인으로 작용했다. 그럼에도 불구하고 전통시장은 여전히 살아 있는 장소로서의 가능성을 품고 있다. 이 가능성은 단순한 보존이 아니라, 창조적 파괴라는 근본적인 전환을 통해 실현될 수 있다.

창조적 파괴는 경제학자 슘페터가 말한 개념으로, 오래된 것을 해체함으로써 새로운 질서를 창출하는 혁신의 동력을 뜻한다. 전통시장이 살길은 과거의 방식에 집착하며 소극적으로 변화를 수용하는 것이 아니라, 고정된 틀 자체를 해체하고 전면적인 재구성을 시도하는 데 있다. 이는 단순히 외형을 바꾸거나 시설을 개선하는 것을 넘어, 운영 방식, 콘텐츠, 역할, 정체성에 이르기까지 시장의 존재 이유 자체를 새롭게 묻는 과정을 포함한다.

서울 성수동의 성공 사례는 대표적인 창조적 파괴의 사례다. 전통적인 산업시설이었던 공간이 청년 창업자, 예술가, 커피 브랜드 등이 어우러진 복합 문화공간으로 재구성되며, 지역 경제의 새로운 중심축으로 부상했다. 시장이라는 이름을 그대로 유지하지는 않았지만, 소상공인과 커뮤니티, 방문객이 어우러지는 플랫폼으로 진화했다는 점에서 전통시장의 연장선으로 해석할 수 있다.

또한 부산의 초량 이바구길은 철거 위기에 놓였던 전통시장과 골목을 도시재생과 연계해 관광지로 탈바꿈시킨 사례다. 단순한 상점의 재정비를 넘어, 근현대사를 테마로 한 골목 스토리텔링과 지역 예술인의 참여를 유도함으로써 공간 전체를 이야기와 문화의 장으로 만들었다. 이러한 변화는 시장을 보존하는 것이 아니라, 시장이 가진 자산을 해체하고 재조합해 새로운 가치를 창출한 결과다.

창조적 파괴는 전통시장을 소비 공간에서 경험 공간으로 전환시키는 과정이기도 하다. 단지 물건을 사는 곳이 아니라, 사람을 만나고 문화를 체험하며 로컬의 정체성을 느끼는 장소로 시장이 거듭날 때, 젊은 세대와 외부 방문객의 관심이 이어질 수 있다. 이를 위해서는 기존 상인과 청년, 기획자, 지자체, 디지털 플랫폼 기업 간의 협력 생태계가 필요하며, 무엇보다 시장 스스로가 변화의 주체로 나서는 용기가 요구된다.

예를 들어, 서울 망원시장에서는 청년 상인들이 지역 식재료를 활용해 색다른 먹거리를 선보이고, 자체적으로 SNS 마케팅을 펼치며 젊은 소비자층을 끌어들이는 데 성공했다. 이들은 단순한 '상점 운영자'가 아니라, 콘텐츠 기획자이자 커뮤니티 빌더로서 시장의 정체성을 재구성하고 있다. 반면 상인회는 기존의 규칙과 질서를 유지하면서도 이들과의 조율을 통해 공존의 방식을 찾는 데 힘쓰고 있다.

또한 경기 수원의 못골시장은 지역 예술인과 협력해 상점 셔터에 벽화를 그리고, 상인 인터뷰를 전시 콘텐츠로 활용하는 등 시장 미술관이라는 새로운 시도를 통해 시장을 문화적 공간으로 전환시켰다. 이는 전통시장 고유의 공간성과 이야기를 자산화하여 방문객에게 독특한 경험을 제공하는 사례로, 지역사회 전체가 주체로 참여한 점에서 의미가 깊다.

이처럼 창조적 파괴는 단순한 변화가 아니라, 기존 시장 시스템의 재조정과 협업 구조의 재구성이 핵심이다. 디지털 플랫폼 기업은 시장 내 상점들의 온라인 입점과 주문·배송 시스템을 구축함으로써 접근성과 편의성을 높이고, 정부와 지자체는 규제 완화와 예산 지원, 홍보 채널의 다변화를 통해 변화를 제도적으로 뒷받침해야 한다. 청년 세대는 시장에 새로운 콘텐츠와 관점을 더하고, 기존 상인들은 경험과 인프라를 제공하는 동반자가 되어야 한다.

결국 창조적 파괴는 전통시장을 없애는 것이 아니라, 전통이라는 틀에 갇힌 시장의 개념 자체를 재정의하는 것이다. 오늘날 전통시장이 나아가야 할 방향은 과거의 향수를 간직한 채 버티는 것이 아니라, 시장의 본질을 지키되 그것을 시대에 맞게 새롭게 해석하는 데 있다. 상점의 수익뿐만 아니라 사람과 장소, 경험의 가치를 중심에 두는 새로운 시장 모델이 필요하다. 전통시장은 더 이상 과거의 유산이 아닌, 미래를 설계하는 실험장이 되어야 한다. 그리고 이 실험의 시작은 낡은 틀을 부수는 과감한 한 걸음에서 비롯된다.

맺음말:
전통시장의
희망을
이야기하며

　전통시장은 한때 우리네 삶의 중심이었습니다. 생계를 꾸리고, 이웃을 만나고, 소박한 일상의 기쁨을 나누던 그 장소는 단순한 경제 공간이 아니라 공동체의 심장이었습니다. 하지만 시간이 흐르며 전통시장은 점점 주변으로 밀려났습니다. 빠르게 변화하는 소비 문화, 대형 유통망의 확산, 디지털 전환의 파고 속에서 전통시장은 종종 '과거의 유산'으로 취급되며, 생존의 기로에 놓이게 되었습니다.

　이 책이 전하고자 한 메시지는 명확합니다. 전통시장은 끝나지 않았고, 끝날 수도 없습니다. 그 이유는 단지 감성적 가치나 향수 때문만은 아닙니다. 바로 그 속에 지속 가능한 지역 경제의 해답이자, 새로운 시대와 연결될 수 있는 기회가 존재하기 때문입니다.

　제가 만난 시장들 중에는 여전히 침체된 곳도 있었고, 변화에 저항하는 시선도 있었습니다. 하지만 그 이면에는 변화를 두려워하지 않고, 성실하게 새로운 가능성에 도전해 온 시장과 상인들이 있었습니다. 그들은 단지 살아남기 위해서가 아니라 스스로 살아갈 이유를 다시 세우기 위해 변화를 선택했습니다.

온라인 판매를 시도한 채소가게, 스마트오더를 도입한 정육점, 청년 상인의 새로운 감각으로 다시 살아난 분식집, 그리고 친환경 포장과 지역 농산물로 고객의 신뢰를 얻은 상점까지 이들은 크든 작든 변화를 이뤄냈고, 그것이 시장 전체의 분위기를 바꾸는 기폭제가 되었습니다.

저는 이 책을 통해 그들의 이야기를 기록하고자 했습니다. 또한 그 변화가 우연이나 일시적인 현상이 아니라, 의지와 전략, 그리고 협력의 결과임을 확인했습니다. 그리고 무엇보다, 다른 어떤 시장에서도 이런 변화가 충분히 가능하다는 사실을 확인할 수 있었습니다. (물론 특정의 성공 사례를 전체로 확산하고자 하는 '일반화의 오류'는 피해야 합니다.)

이제 중요한 것은 실천입니다. 제도적 지원은 늘 변할 수 있고, 기술은 계속 진화합니다. 그러나 시장을 살리는 힘은 결국 그곳에서 일하고, 함께 숨 쉬는 사람들의 손에서 나옵니다. 상인 한 사람의 인식 변화, 시장 전체의 공동 노력, 그리고 지역사회와의 신뢰 회복이 모여 지속 가능한 전통시장을 만들어 갈 수 있습니다.

물론 이 길은 쉽지 않을 것입니다. 하지만 분명한 것은, 우리는 이미 변화의 시작점에 서 있다는 것입니다. 이 책을 덮는 지금, 한 명의 상인이 한 개의 점포가, 한 개의 시장이 또 하나의 희망이 될 수 있다는 믿음을 품을 수 있다면 그것만으로도 전통시장은 다시 살아날 수 있습니다.

희망은 가능성의 발견에서 비롯됩니다. 그리고 그 가능성은 우리가 지금 이 자리에서 다시 전통시장을 묻고, 다시 그 미래를 상상하는 순간에 시작됩니다.

어느 날, 우리네 동네 전통시장이 다시 사람들로 북적이고, 웃음과 이야기로 가득 찬 그날이 오기를 진심으로 바랍니다.

2025년 수확의 계절에
하늘을 받들고 있는 동네 어느 시장에서 김상영

**다시
전통시장을
묻다**

초판 1쇄 발행 2025. 10. 2.

지은이 김상영
펴낸이 김병호
펴낸곳 주식회사 바른북스

편집진행 임현정
디자인 양헌경
마케팅 송송이 박수진 박하연

등록 2019년 4월 3일 제2019-000040호
주소 서울시 성동구 연무장5길 9-16, 301호 (성수동2가, 블루스톤타워)
대표전화 070-7857-9719 | **경영지원** 02-3409-9719 | **팩스** 070-7610-9820

•바른북스는 여러분의 다양한 아이디어와 원고 투고를 설레는 마음으로 기다리고 있습니다.
이메일 barunbooks21@naver.com | **원고투고** barunbooks21@naver.com
홈페이지 www.barunbooks.com | **공식 블로그** blog.naver.com/barunbooks7
공식 포스트 post.naver.com/barunbooks7 | **페이스북** facebook.com/barunbooks7

ⓒ 김상영, 2025
ISBN 979-11-7263-600-5 03320

•파본이나 잘못된 책은 구입하신 곳에서 교환해드립니다.
•이 책은 저작권법에 따라 보호를 받는 저작물이므로 무단전재 및 복제를 금지하며,
 이 책 내용의 전부 및 일부를 이용하려면 반드시 저작권자와 도서출판 바른북스의 서면동의를 받아야 합니다.